自然の美しさと香りに癒やされるクラフトで心と向き合う

押し花セラピー

楽しみながら行える投影療法

若林佳子・尾下恵

BAB JAPAN

自然の美しさと香りに癒やされるクラフトで心と向き合う

押し花セラピー

楽しみながら行える投影療法

若林佳子・尾下恵

BAB JAPAN

はじめに

さまざまな植物に想いをのせて

目を閉じて思い出すと、貴方様はどんなお花のシーンが浮かびますか？　母の日にありがとうの心を込めてプレゼントしたカーネーション、人生の中でも最高の日に手にした結婚式のブーケ、手作りしたクリスマスのリース、入学式の日に、風に美しく揺れていた満開の桜、あるいは、悲しいお葬式のお花……。

どんなときにも、お花は言葉では伝えきれない思いを、より広げてくれるような気がいたします。押し花教室を20年以上行ってきて、たくさんの生徒様に出会い、指導させていただいております。

その中で、心が作品に現れることに気づきました。

いつもはすらすらと作品を作る方が、悩みがあるとき、作品をなかなか作れなかったり、結婚が決まると、画面からあふれそうなくらい、たくさんのピンクや白のお花を使って作られたり。

私自身もそうで、振り返ってみると、悲しいときに作った作品はなんだか悲しそうで、やる気に満ちたときに作った作品は、やはり勢いがあります。本当につらいことがあったときは、お花が好きではじめた仕事なのに、お花を見ることさえつらく、美しいとも思えないようなこともありました。

そうして心が作品に現れることに気づくと同時に、作品を作ったあとは心が癒やされて、気持ちがすうっと軽くなっていることにも気づきました。

押し花の作品は、植物を採集して、押し花にして、1輪ずつ、もしくは花びら1枚ずつをピンセットでつまみ、場所を考えながら置いて作り上げていきます。それは、植物と親密に触れ合う時間です。作品を作りながら自然の造形の素晴らしさに手が止まったり、植物から香る草の匂いを感じて草原にいるような気になったりと、さまざまな発見をさせてくれます。お家にいて机に向かいながら自然の中にいるような感覚になり、作業をしているうちに、知らず知らず、癒やされているような気がいたします。それが、押し花の魅力でもあると思います。

そんな私の気持ちを、セラピストの尾下恵先生と、出版社BABジャパン様が、より具体的にセラピーとしてまとめてくださいました。

この本を手にしてくださった貴方様が、押し花を通じて、癒やしの時間を見つけてくださったら、とてもうれしく思います。

そして、その作品が、貴方様の未来を楽しめるよう背中を押すことができましたら、とても幸せに思います。

どうぞ、押し花の時間を楽しんでいただけますように。

若林佳子

はじめに

癒やされながら「自分」を知る

花は人の心を映し出すといわれています。

なぜなら、同じ種類の花でも一つとして同じものはないから。

私たち「人」も、誰かと似た部分があったとしても、一人一人違い、それぞれが唯一の存在です。しかしながら、時としてそう感じることができなかったり、つい自分を大切にできなかったり、迷って悩んで答えが出ないときもあるかもしれません。

人生の中では自分、そして、大切な人を理解することが必要な時期が、必ず訪れます。そんなときは一人で考えるだけではなく、セラピーなどを効果的に取り入れることで自分の可能性を見つけたり、自分の好きなもの、向いているもの、なりたい未来を探したりすることができるのです。

押し花セラピーでは、選ぶ花の種類、色や形にその人の想いが現れ、「ココロ」に必要なことを知ることができます。実際、「どう言葉にしていいのかわからない」と、言葉にならない想いをもって、カウンセリングにお越しになる方が多くいらっしゃいます。心の中には、言葉にならなくても確かに存在する、願いや想いや痛みがあります。

毎日を過ごす中、人間関係で迷ったり、悩んだり、時に自分がわからなくなったり、じっくりと未来を考える必要性を感じるときがあります。そんなときには、少しゆったりとした優しい時間が必要なのです。

優しく自分を見つめるときに効果的な優しいセラピー、それが投影法です。投影法とは、「何かに心を映し出す」ことで、直接表現することができないような潜在的な意識を、客観的に知ることができるものです。何気なく選んだものにも、それぞれに潜在的な意味があります。普段は気にしていない潜在的な意識を知ることで、深い自己理解や、自分が望んでいるもの、なりたい自分を知ることができます。

押し花セラピーは創作した作品に自分の心を映し出し、作品を作ることが、自分にとっての「優しい時間」「癒やしの時間」になります。

いろいろな色や花を扱うことで、言葉では表すことが難しい自分の内面を表現し、また無意識の領域を知るきっかけを作る。そして、作品にすることでビジュアライズ(可視化)され、作品を通して漠然としていた自分の願いや気持ちが具体的な言葉になり、自己理解が深まるのです。

楽しみながら、癒やされながらできる押し花セラピーを通して、なりたい自分を探し、心の状態を知ることで「自分らしい」人生を選択することができることを心より願っております。

アイディアヒューマンサポートサービス
尾下恵

押し花セラピー　目次

第４章　自分を知り、可能性を見出す

第５章　押し花セラピーで人生を切り開く

コラム

心を癒す、強くする
押し花の魅力

作品「希望」について

人も植物も、温かいところ、明るいほうへ伸びて集まっていくというのを、中学の家庭科の時間に聞いたのをよく覚えています。

同じように希望も明るいほうへ、温かいほうへと伸びていく。そんな気がして、チューリップをメインに、伸びゆくさまが感じられる作品を作りました。

黄色には、気づきや発見、明るさという意味があります。たくさんの黄色い花が集まり、心の中の希望を引き出してくれるかのよう。

こうした作品を持ち歩くことで、つねに気分を明るく保つことができます。

花:チューリップ、ガーベラ、フランネルフラワー、千鳥草、アジサイ、サンタンカ、ロベリア

●恋人とのこれからを考える30代女子の場合

結婚の二文字が頭に浮かんだら、メインにピンクの花を使いつつ、緑色の葉などをあしらった作品を作ってみましょう。ピンクは情動を表す色で、思いやり、優しさなどを表します。緑は調和を意味し、パートナーとのバランスをどのように取るかのヒントにもなります。

こうした作品を眺めることで、あなたの中の優しさや調和を大切にする感情が芽生えてくるはずです。そうした思いを温めながら、２人の未来を思い描いてみてはいかがでしょうか。

●子育て中で自由な時間が持てないママの場合

家族のケアをしながら、自分のことも大切にしていきたいときは、白やオレンジの花がおすすめです。白は原点を表し、自分自身をもう一度取り戻していくという意味があります。オレンジはエネルギーを表すので、大事な家族をケアしていく原動力にもなります。

こうした作品を作り、日々眺めてみてください。妻、母親であると同時に、一人の女性としても人生を楽しもう。そんな気持ちが湧いてきたら、その望みを叶えていくことを自分に許可してあげましょう。

●就職活動に悩む20代女子の場合

黄色には、気づきや発見を促す力があります。また、気持ちを明るくしてくれる作用も。就職活動の期間は、自分自身と向き合うことで、「私はこういう人間なのか」「こういうことを望んでいるのか」など、自分に対するさまざまな発見があると思います。

同時に、先が見えず不安になることがあるかもしれません。そんなときは、こうした作品を作り、お守り代わりに持ち歩きましょう。あなたの気づきを促すとともに、明るい気持ちを届けてくれるはずです。

●環境の変化でストレスを抱えている人の場合

引っ越し、進学、転職、結婚などで環境が変わり、なんとなく気持ちが落ち着かないときには、水色や緑の草花を使って、作品を作ってみるとよいでしょう。

水色は癒やしを意味し、今抱えているストレスを緩和させてくれる色になります。緑はバランスや調和を表すので、新しい環境に折り合いをつけて、徐々に馴染んでいくのを助けてくれるでしょう。

押し花が引寄せた
コニカミノルタのみなさんとの出会い

電気機器メーカーとして有名なコニカミノルタ株式会社。その子会社である「コニカミノルタウイズユー株式会社」では、障がい者のみなさんの雇用を通じ、彼らの自立を支援する事業を展開しています。

園芸業務も同社の仕事の一つ。コニカミノルタ東京サイト日野構内の花壇のデザイン、花植え、水やりなどのメンテナンスを行うと同時に、押し花やドライフラワーによるアレンジ、しおり、におい袋、キーホルダー、コースターなどの制作・販売も行っています。

同社スタッフの方が、花作家・若林佳子さんのもとを訪れたのは、2016年秋のこと。「障がい者の方々とともに、押し花を使った商品作りや販売を行いたい」という話を聞き、「ぜひ、お手伝いさせてください！」と若林さんは快諾したといいます。押し花の魅力は、健常者、障がい者という区別なく、すべての方に楽しんでいただけると感じているからです。

そこから定期的に同社に足を運び、押し花の美しさ、そしてデザインする楽しさを知ってもらい、本格的に仕事として取り組めるよう、サポートを重ねてきました。

「押し花を仕事にする」というこの試みは、2017年より本格的に始動。自由な感性を生かし、真剣な表情でみなさん、それぞれが仕事に取り組んでいます。今ではこの業務は、障がいを持つ社員のみなさんのチャレンジワークとなっています。

また、現在、押し花作りに活用できる押し花キットの制作も、こちらで進めているといいます。一つ一つの出会いを大切に、若林さんが伝える押し花は、着実にその可能性を広げています。

第１章

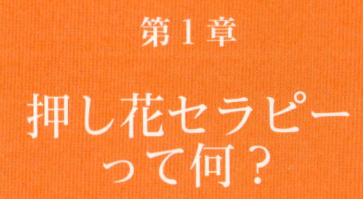

押し花セラピーって何？

作品名
「春が咲いた」

押し花教室での気づきから心の世界へ

押し花には作り手の心の世界が表れる

花作家・若林佳子さんのアトリエ「Atelirer hana-ya」で開催されている押し花教室。赤、青、黄色、紫、緑と、色鮮やかな押し花を使って、生徒たちは思い思いの作品を仕上げていきます。その様子を見ながら、長年、花を使った作品作りに携わってきた若林さんの心の中で、ある気づきが少しずつ膨らんでいきました。

教室で押し花を制作した際、作品を作り終わったときの生徒の表情が、どこかスッキリしていたり、明るくなったりしていることが多かったのです。さらに、作品について

「ここにはこんな思いがこもっているんです」

「こういう気持ちで、この花を選びました」

などと話すとき、とてもイキイキした雰囲気を醸し出していました。こうした生徒たちのを様子を見聞きしているうちに、次のような思いがだんだんと強くなっていきました。

「似たような色、形の花を配置して作る押し花作品だけれど、どれ一つ、同じものにはならない。もしかしたら、作品を作るときに選んだ花の色や大きさ、それらを置く位置などには、その人だけの心の世界

が表れているのではないかしら」

そんな若林さんの気づきをあと押ししたのが、心理カウンセラーの尾下恵さんでした。花の色でいうと、赤には情熱、青には冷静さ、黄色は気づきなどの意味があり、用紙のどの位置に置くかによって、その人の考え方や思考、社会に向けて見せている自分の姿などがわかるといいます。

こうした心理学的アプローチを加えることで、押し花作品から、作り手の心の世界を知ることができるようになりました。

【作品例①】

タイトル「野性的」
作者：Y.W さん／求職中

全体的に配置された黄色のパンジーはＹさんにとって「元気になる色」。色彩心理学では、黄色は「気づき」「発見」を表す。今は次のステージに向けて、新たな知識を吸収している時期なのかもしれない。

黄色の花に挟まれるようにして緑の葉が５枚ある。緑は「調和」を表す色なので、今は社会と自分のバランスを見ているのかもしれない。数字の５は「統合」を意味し、好きなものや大事なものに意識が向かうときといえる。

ツタ系の植物は、知的好奇心を表す。気になることがあれば、思いきって飛び込み、視野を広げていくのによい時期。いつもは手にしないような本を読んだり、これまでやったことのないことにチャレンジしたりすることで、自らの可能性を開くことができる。

【作品例 ②】

タイトル「新しいはじまり」
作者：C.U さん／大学生

内面世界を表す左側に、紫色の花。紫には「不安」「尊厳」という意味があり、自分の核となるもの、慈しみ、敬意なども表す。「情熱」を意味する赤、「冷静」を表す青が混ざった色でもあることから、自分がありたい姿、やりたいことなどが生まれはじめている、というメッセージにも捉えられる。

今の自分を表す中央部は白。白は「はじまり」の色ともいわれる。新たなはじまりを迎え、自分はこれからどんな色に染まっていきたいのかを探している時期なのかもしれない。

外の世界に向けて発信するものを表す右側に、青を配置している。青には「安定」「冷静」「判断力」などの意味があり、大学を卒業し、これから社会に出ていくうえで、自分をどう見せたいかが定まりつつあることがわかる。

【作品例 ③】

タイトル「自分自身と過ごす時間」
作者：Y.G さん／主婦

上は精神面、下は身体面、右は社会性や将来、今までの自分、左は自分の内面や本能を表す。Y さんは上のほうに花が集まっており、どんな自分になりたいか、どんなものを求めているかを模索しているといえる。

花を重ねているのは、さまざまな自分を統合していきたいという思いの表れともいえる。赤と青の２色を使っていることから、２人いるお子さんのことをつねに意識しているようにも見受けられる。

濃い色は、自分の中で自身との深い関係を結んでいるときに表すことが多い。誰にも見せたくない気持ちがある場合もある。

押し花セラピーの誕生

これまで、老若男女さまざまな人たちに、押し花作りの楽しさを伝えてきた若林さん。作品を作るうちに、悩みを抱えていた人がいつの間にか元気を取り戻したり、将来に不安を感じていた人が自分の進むべき道を見つけ出したり、という場面に立ち会ってきました。

また、老人介護施設のレクリエーションで押し花を行ったときには、認知症の方が幸せだった過去を思い出し、楽しそうにそのころのお話をされるのを見てきました。もともと押し花にはこのように、さまざまな癒やし効果があるといえるでしょう。

さらに、心理分析的なアプローチを取り入れながら、その作品について自分がどのような思いで花を選び、作品を作っていったかを自分の言葉で表現すると、この癒やし効果がさらに深まることがわかりました。

これまで気づいていなかった自分の可能性を発見したり、困難なことを乗り越える勇気が湧いてきたり、忘れていた幸せな時間を思い返して心が潤ったり、ということが起きるのです。

このように、押し花の制作と心理学的な分析方法を融合させて誕生したのが、本書でご紹介する「押し花セラピー」です。

作品に投影される心模様

押し花セラピーは、どのように進められていくのでしょうか。若林さんの押し花教室で実際に作られた作品を見ながら、ご紹介しましょう。３人の生徒たちが取り組んだ作品テーマは、「自分を元気にする押し花カード」でした。

作品作りで大事なのは、頭であれこれ考え込むより、直感的に行うこと。「これが好き！」「なんとなく、ここに置くとよさそう」など、自分の感覚を優先して作ることで、自分でも気づかなかったようなメッセージを作品から受け取ることができます。

また、この日は

「自分の中の大切なもの」

「自分の強み」

「誰にも見せたことのない自分」

「自分が元気になれる」

などのキーワードを意識しながら、ポストカード大の用紙の上に押し花を配置していきました。

用紙を縦で使うか、横にして使うかは自由。そして、どの位置に、どんな花をどのくらい置くかも、自分の心のおもむくままに。そのようにして出来上がった作品は、世界にただ一つの、個性豊かなものに仕上がりました（15、16ページ参照)。

それらを見ながら、心理カウンセラーの尾下さんが心理分析を行っていきます。色彩心理学や投影技法を用いながら、作り手が選んだ花の色や形、それらを配置した位置の意味などを読み解き、その作品に投影された作り手の心の情景をひも解いていきました。

本書のワークでも、これと同じような手法で、ご自身の心の世界を知ることができます。ぜひ、美しい押し花を手に取りながら、ご自身の気持ちに素直に、作品を作ってみてください。そして、そこから自分の中に眠っている可能性や変化のきざしを見出し、自らの手で人生を切り開いていく一助としていただけたらと思います。

押し花の魅力とは？

幸せな思い出を「形」で残すことができる

もともとフラワーデザインを手がけ、ブライダル用のブーケなどを作っていたという花作家の若林さん。花嫁と打ち合わせを重ね、晴れの日にブーケをお渡しする楽しさや喜びはひとしおでした。その一方、
「こんなにきれいなのに……。枯れちゃうんですよね」
という少し寂しげな花嫁の声も、たくさん耳にしてきたといいます。

結婚式当日のブーケの美しさを一生の思い出とともに、ずっと残しておくことはできないものか。そう考えたときに思い浮かんだのが、押し花を使った作品作りでした。

ヨーロッパには、結婚式で手にしたブーケを押し花にして残しておく習慣があるといいます。アメリカやカナダでは、プロム（高校の最後の学年で開かれるダンスパーティー）で身につけたコサージュを押し花にし、大切な思い出として残しておく風習があります。
「そのときの幸せな思い出とともに、花を残しておくことができる。これは押し花ならではの魅力だと思います」
と、若林さんは言います。

想像の翼を広げる作品作り

生花を用いた作品作りは、命ある花のみずみずしい色合いや感触、香りなどを感じられるメリットがありますが、なるべく花を傷めないように、集中して手早く仕上げることも求められます。

一方、押し花の場合は、時間をかけて使う花を選び、どこにそれを配置するかを考えながら、作品作りを楽しむことができます。その間に、自然の造形美に感嘆したり、「なぜ、このような形になったのだ

ろう」と空想したり、その押し花の元になる花を摘んだときの光景を思い返したり。

また、かすかに香る花の匂いから、子ども時代の光景や家族と一緒に過ごした幸せな時間を思い出すこともあるでしょう。身体が不自由だったり、なかなか外出したりすることができない方にとっては、押し花を作るひとときが、外の自然を感じさせてくれるくつろぎの時間となるかもしれません。

私たちの身体はどのような状態にあったとしても、想像力は自由にどこまでも広げていくことができます。自分だけの心に宿る想像の翼を広げながら、ゆっくりと作品作りを楽しめるのも、押し花の魅力の一つといえるでしょう。

押し花の作品からわかること

押し花の作品を作っていると、ふと無になる瞬間があり、自分ではあるけれど、自分ではないような、不思議な感覚になることもあります。こうした状態は、心理学的には「ＦＬＯＷ（フロー）」もしくは、「無我の境地」、「忘我状態」とも呼ばれ、人間がそのときしていることに、完全にのめり込んでいる精神状態をさします。

仕事をしているとき、もしくは趣味に没頭しているときに、こうした感覚を体験されている方もいらっしゃるでしょう。このように集中して作業することで、自分以上の何かが作品に表れてくることがあります。自分が思ってもいないような表現を作品上でできるというのは、この上なく楽しいものでもあります。

こうした状態で出来上がる作品は、その人の心の状態を表すだけでなく、それよりももっと深い場所にある潜在意識（※）からのメッセージを秘めていることが往々にしてあります。

現状に息詰まりを感じていたり、身動きが取れないような問題を抱えていたりするとき、気分転換を兼ねた押し花制作は、自分の気持ちを整理するのに、非常に役立ちます。出来上がった作品を見ているうちに、これまで思いつかなかったような解決策がひらめいたり、これまでとは違う角度で問題を冷静に見ることができたりすることがあるからです。

私たちの毎日は、たくさんの思考のおしゃべりに取り囲まれています。「○歳までには結婚したい」「前に同じ失敗をしたから、まただめかも」「もっとやりがいのある仕事を見つけたい」「あの人はきっとこう思っているに違いない」など、思考で頭がいっぱいのとき、潜在意識からのメッセージは、私たちには届きづらくなっています。

その一方、「好き」「きらい」「心地よい」「違和感がある」など、自分の感覚だけを頼りに押し花の作品を作っているとき、思考のおしゃべりは止まり、無に近い状態になります。この状態がもっとも潜在意識とつながりやすいので、押し花制作をすることは、普段の生活ではなかなか意識できない潜在意識とつながる大切な時間にもなります。

感覚を研ぎ澄ませて集中し、無の状態になるというのは、本来の自分とつながることといえるかもしれません。そのような状態で出来上がった作品を色彩心理学や投影技法などで読み解くことで、そこにどんなメッセージが宿っているのかを知ることができます。

そして、そのメッセージは、あなたにとっての新たな気づきや発見を促し、この人生をよりよいものとするためのヒントとして、癒やしや勇気、励ましなどを与えてくれるはずです。

（※）無自覚のうちに自分の考え方や行動に影響を与えている意識。
心の奥深い層に潜んでいる。

「心のあり様」が押し花クラフト全体に表れる

悩みのない、つねにハッピーといえるような人生だったらいいのに。そんなふうに思い、ため息の一つもつきたくなるときというのは、誰にでもあることだと思います。幸せを望みつつ、私たちの現実はなかなかそうもいきません。でも、だからこそ、自分の心がどのような状態かをつねに意識すること、知ることは、自分自身の幸せを見つけていく上でも、大切なことといえるのではないでしょうか。

心の中の思いは、目に見えるものではありません。それゆえに、わかりづらいものではありますが、押し花を用いることで、そのときの自分の「心のあり様」を目で見て、知ることができます。

そのカギとなる一つが、押し花でどのような色を選ぶか。気持ちが落ち込んでいたり、なにか気になる問題を抱えたりしていると、ピンクや黄色などの明るい色はあまり選ばない傾向があります。作品全体も、どこかまとまりがなかったり、全体的にトーンダウンしたような感じで仕上がったりしてしまうことが多いようです。

このようなときは少しペースを緩め、リラックスできる時間を取りながら、身体や心の休息をとる必要があるといえるでしょう。

さらに「家族が病気になってしまった」「子どもが不登校になってしまった」など、大きな悩みが生じると、押し花作品を作ること自体が難しくなる場合もあります。若林さんの押し花教室でも、いつもは押し花をパパッと選んで、迷いなく配置して制作を進める生徒でも、大きな悩みを抱えているときは、なかなか作業が進まないといいます。

いろいろな色の花を取っては迷い、取っては迷い、結局、台紙の上に置けないことが多いのです。また、作品を作ることができたとしても、いつもとは違う雑然とした仕上がりになってしまうことも。悩みで心が曇っていると、「どの花を選び、次にどの花をどう配置しようかという判断力がうまく作動しなくなってしまうのではないか」と若林さんは感じています。
「今日の作品はダメだったな、という暗い気持ちで作品を仕上げるのではなく、少しだけアドバイスを入れて、気持ちが明るくなるような作品が出来上がればと思っています」
　という若林さん。
　教室でそのような生徒がいた場合は、
「ちょっとポイントで白を入れてみましょうか」
など、さりげないアドバイスで、作品にまとまりを持たせたり、制作中のおしゃべりで気持ちが晴れるようにと心がけたりしながら、作業を進めているといいます。

美しさを感じられるのは心に余裕があるからこそ

　出来上がった作品はもちろん、さまざまに思いをはせながら、押し花を配置していく制作の時間も、この上ない癒やしのひとときとなります。ただ、こうしたことは、自分の気持ちにゆとりがないとできないこと。何か悩みや不安を抱えているときには、なかなか目の前の花を美しいと感じることができません。
　裏を返せば、何か悩みを抱えていたとしても、押し花を見て美しいと感じられるのであれば、あなたの心の中には、まだ今の状況を立て直したいという力が残っているのかもしれません。本当に自分が進みたい方向はどちらなのか、本当に自分が求めていることはなんなのか、静かに自分の気持ちと向き合う時間を取ってみるのもよいでしょう。
　そのうちに、「この花を押し花にしてみたい」「こんな作品を作ってみたい」という思いが湧いてきたら、自分の心が立ち直ってきた証拠。悩みはあるけれど、自分で自分の人生を歩む力を取り戻してきたともいえます。そんなときこそ、ぜひ作品を作ってみてください。自分でも気づいていなかったような、力強いパワーを引き出すことができるかもしれません。

型にはまらず自由に楽しめる押し花

自分の心に元気を取り戻したいとき、自分が進む道を見つけ出したいとき、市販の押し花キットを用意すれば、一人でもすぐに押し花制作に取りかかることができます。もちろん、キットを使わず、花屋で見かけた美しい花やふと目についた道端の雑草を押し花にして、作品に取り入れてもかまいません。

本書では、押し花そのものの作り方も紹介しているので、そのときの自分の心に響いた草花を押し花にすることも可能です。作品作りの素材から、自分の手で自由に作ることができるのも、押し花制作の楽しみの一つといえるでしょう。

また、ご自身で押した草花を保管しておけば、1年中好きなときに好きな花を手に取って、押し花のクラフト作りに使うことができます。そうした保管方法も紹介しているので、ぜひ気に入った草花を見かけたら、あなただけの押し花を作ってみてください。お気に入りの押し花があればあるほど、手がける作品の世界は広がっていきます。

さらに、いつでもどこでも、一人でも誰かと一緒でもできる自由さも、押し花作りのメリットといえます。

「習い事をしてみたいけれど、なかなか時間がとれない」

「今の自分を変えたいけど、誰に相談していいかわからない」

という方々でも、やってみたい！と思ったとき、すぐに一人で気軽に取り組むことができます。

押し花というと、台紙を使ったポストカードを想像する方が多いと思いますが、作品の形態はそれだけではありません。玄関先を飾るウェルカムボード、お客さまをもてなすコースター、読書の友となるしおりとしても活用することができ、布に張りつけることでオリジナルのバッグやポーチなどを作ることもできます。

　また、台紙を使ったポストカードは、大事な人への季節の挨拶に使えますし、贈り物に添えるなどしても喜ばれます。写真立てなどに入れて部屋に飾れば、素敵なインテリアにも。

さらに、ポストカードサイズの作品作りに慣れてきたら、それよりも大きなサイズの台紙を用意し、出来上がったものは額に入れて、部屋に飾ってもよいでしょう。

　どのような押し花を素材として作るかも自由に選べ、手がけた作品は飾ったり、贈ったり、日常生活で使ったりしながら、楽しむことができます。押し花はいつでもどこでも自由に、自分自身で楽しく取り組むことができ、そこで感じた喜びを大事な人たちにおすそ分けすることもできます。

　押し花という素材作りやそれを用いた作品作りの環境面においても、非常に自由度が高く、アイデア次第でさまざまに活用することができる。押し花は、多くの人々の人生を気持ちの豊かさや喜びで彩る、そんなクラフト作りでもあるのです。

本来の自分に戻れる時間

　押し花作りのメリットは、気持ちの面でも大きな影響を及ぼします。日常の生活の中で、私たちはつねに自分の心のおもむくままにいられるわけではありません。仕事のこと、家族のこと、経済的なことなど、さまざまな制約の中で、自分の気持ちを押し殺してしまうことも多いのではないでしょうか。

　けれど、押し花を作るひとときだけは違います。まずは、自分が必要としているテーマを決めて、それに対するイメージを自由に広げていくことができます。そのイメージが固まってきたら、今度は自分の感覚を頼りに、直感的に好ましいと思える花を選び、それが一番しっくりくる場所に配置して、作品の世界を自分の思いだけで形作っていくことができるのです。

　無心で何かに没頭するということも、日々の暮らしの中では、なかなか味わえないことの一つでしょう。さまざまな思いや制約にとらわれている心を解き放ち、心の中を無にすることで本来の自分に立ち返ることは、自分の心を健やかな状態に戻す一助となるはずです。

そのようにして形作った作品を目にすることで、

「私、がんばりすぎていたかもしれない」

「もっと人に頼ってもいいのかも」

「私には自分が思う以上の力があるかもしれない」

　など、これまでとは違った視点で、自分自身を見つめることができるでしょう。

　自分に自由であることを許し、思考で小さく縮まってしまった心を緩め、自由自在に想像力を広げていく。そのようにして、潜在意識とつながって本来の自分に戻り、今の自分が抱えている問題や悩みの糸口を見出していく――押し花を作るという行為は、たんなるクラフト作りだけでなく、今よりも幸せになるためのヒントを与えてくれる、人生の羅針盤としての役割も果たしてくれるのです。

なぜ押し花セラピーに効果があるのか

ユング心理学の「破壊と再生」を体験

作るだけで癒やしの効果を得られる押し花セラピーですが、なぜ、こうした作用があるのでしょうか。心理カウンセラーの尾下恵さんによると、その背景にあるのは、ユング心理学のテーマにある「破壊と再生」という概念だといいます。

ここでいう「破壊」とは､象徴的な「死」を意味しています。これは、いままで自分が属していた、古い世界の秩序や組織の破壊ということになります。そして「再生」は、これまで属していた世界から新しい世界へと変容していくことを意味しています。

つまり、今までの自分のやり方ではうまくいかないという現実に直面したときに、これまでの古い自分を壊すことにより、新しい自分として生まれ変わり、新たなステージに移るということでもあります。

不登校や引きこもり、うつなどの症状は、ある意味、ユングがいう「死」の状態であり、そうした状況を乗り越えたときに、新しい価値観や生き方を持った自分として生まれ変わることができるのです。

この概念は、実は押し花にも当てはまります。みずみずしく咲いていた草花を切り取り（破壊)、押し花として永遠の命を与える（再生）という要素がすでに備わっているからです。

命を失ったものが、もう一度形を変えて、新たな命を形作っていく。そのため、私たちの心にも、無意識のうちにそうした働きかけをしてくれているというわけです。

春になると桜は美しく咲き誇りますが、時が満ちればいさぎよく花を散らし、冬には枯木のようにひっそりとした姿になります。それでも、また春が巡ってくれば、桜の花が満開になる。こうした自然の営みも、「破壊と再生」のひとつの形といえます。

人の心もこれと同じように、ときには非常に落ち込み、自分はもうだめなのではないかと思うようなことがあっても、また新たな考え方や人との出会いによって、価値観や考え方が変わり、新しい自分というものが再生されていきます。
「破壊と再生」の象徴の一つともいえる押し花。これを素材として作品を作ることによって、私たち自身の心も、悩みを乗り越えて新しい自分になるという「破壊と再生」を体験します。それによって、気づきや発見をともなうセラピー効果を得ることができるのです。

作業療法と似ている押し花セラピー

脳への影響を考えると、自分の手を使って表現することで、心の状態を明らかにしていくという部分では、押し花セラピーは箱庭セラピーやアートセラピーなどの作業療法と似た効果があります。

箱庭セラピーでは、内側を水色で塗った箱の中に砂を入れ、その砂の形を自由に動かし、好きなところに小さな人形やおもちゃなどを配置していきます。そうしてできた作品をカウンセラーと一緒に眺めながら、感想や印象を述べ合い、自分の心の状態をひも解いていきます。

アートセラピーでは、言葉ではっきりと言えない、あいまいな気持ちや複雑な感情をイメージとして絵にすることで、表現することができます。絵を描くという自由な自己表現の中で自分の内面と対話し、本当の感情に気づいていくことを主な目的としています。

これらの作業療法にも、高い癒やし効果がありますが、箱庭セラピーは、作った箱庭を写真で残すことはできても、そのままの形で残しておくことができません。アートセラピーの場合は、絵に苦手意識を持っている人の場合、セラピーを受けること自体に、ハードルが高いと感じてしまうこともあります。

ところが押し花の場合は、作った作品に透明フィルムなどをかければ、作品として手元に残し、いつでも見返すことができます。自分で選んだ花を好きなように台紙の上に配置するだけなので、絵が苦手な人でも表現しやすいといったメリットもあります。

そうした手軽さがありながら、先に述べた２つの作業療法と同じように、自分の心と向き合い、知らないうちに押しこめていた感情を解放したり、言葉にうまくできないモヤモヤした気持ちをイメージとして表すことで明らかにしたりすることができます。

押し花セラピーは、さまざまなセラピーのよいところを取り入れ、老若男女問わず、どんな場所でも、気軽に取り組めるセラピー手法ともいえるのです。

自分の心の成長を目で見て振り返る

押し花セラピーで作った作品には、そのときの自分の心の様子が現れているため、ストックしておくのもおすすめです。心の中というのは、目に見えるものではありません。それを目に見える形にした押し花作品を後になって見返したとき、あなたはどのようなことを感じるでしょうか。

「あのときは不安が大きかったな」

「このときは人生の方向性に迷っていたな」

など思いながら振り返ることで、自分がどのようにして悩みを乗り越え、今の自分になるべく心の成長を遂げてきたか。その軌跡を目で見て、振り返ることができます。こうしたことも、押し花セラピーならではの特徴といえるでしょう。

一人で取り組める手軽さも魅力

本書では、この本を手にしたときから、一人でも気軽に押し花セラピーを体験していただけるように、ワーク形式で押し花制作の方法を紹介しています。
身近な人に相談することに抵抗がある、悩みを人に開示したくないという人でも、一人で取り組めるというものであれば、安心して試していただけるのではないかと思います。

なお、制作に取り組む際は、あまり深く考えず、心のおもむくままに、自分の好きな、もしくは気になる押し花を選びましょう。そして、「ここかな？」と感じる場所に置いてみてください。「なんとなくこう感じる」という感覚は、潜在意識からのメッセージとつながっていることが往々にしてあるからです。

また、頭であれこれ考えるのではなく、感覚を研ぎ澄ませ、無心になって押し花作りに没頭する時間というのは、本来の自分に立ち返る時間にもなります。日々の雑事を一瞬だけ脇によけ、自分の心とまっすぐ向き合ってみてください。

そうした時間を持つことで、これまでの自分では気づけなかったことを発見し、自分の心を立て直していくことができるようになります。

室内で、机の上で、すぐにはじめられる

自分自身を見つめたい、今後のためにセラピーを受けてみたいと思ったとき、外出することなく、室内ですぐに取りかかることができるのも、押し花セラピーの魅力の一つです。

今の自分の状況をなんとか立て直したいと思ったとき、すぐにはじめられずにいると、だんだんとそのときの思いが薄らいでいき、せっかく自分の気持ちを見つめる機会を逃してしまうことがあります。

また、何らかの理由で外出しづらい、できないという方の場合、誰かの元を訪ねてセラピーを受けるということは、かなりハードルが高いことになってしまいます。だからといって、自分自身を見つめたいという思いをそのままにしてしまうのは、心の成長という観点からみても、とてももったいないことです。

そんなときは、ぜひ、押し花を手に取ってみてください。室内で、机の上で、自分だけではじめられる押し花セラピーに取り組んでみましょう。自分の中に芽生えた「成長したい」という思いを、その場ですぐに実現させていくことができます。

押し花作品を丁寧に扱う理由

押し花セラピーで作り上げた作品は、世界でたった一つだけの、今のあなたの心そのもので、あなたが作った作品は、そこにあるだけで、どれもが大切で美しく、かけがえのないものです。そのような気持ちで、大切に取り扱ってください。自分の心の投影である作品を大切に扱うことは、自分自身を大切に扱うことにもつながります。

なお、押し花は年月とともに、色あせていくことがあります。これは人が年を重ねて、シミやシワができたり、容姿が変化したりしていくのと同じこと。年齢を重ねても、自分自身が大切ということに、変わりはないのではないでしょうか。同じように、作った作品の押し花が色あせたとしても「それはそれで一つの味わい」というくらいの大らかさで、受け入れてみてください。

それは、どんな自分も慈しみ、受け入れるという心持ちにつながります。このような心のあり方は、ご自身の人生を穏やかに、豊かにする助けにもなるはずです。

押し花セラピーで得られるメリット

押し花セラピーでは、クラフト作りと同時に、押し花と心理分析を合わせた手法で心の状態を知り、それを目に見える形で残すことによって、さまざまな癒やし効果を体感することができます。

さらに、押し花ならではの特徴を生かした作品作りによって、次のようなメリットも得られます。

気づきをもたらす押し花作品は一生の宝に！

自分が進むべき道を照らし出してくれたり、子どもが抱えている寂しさに気づかせてくれたり、高齢になった親が感じている不安に気づかせてくれたり……。

なかなか言葉にできない思いを形にする押し花作品は、本人はもちろん、家族にとっても、さまざまな気づきをもたらしてくれることがあります。そんな押し花は、ご自身や家族にとって、一生忘れられない花として、それぞれの胸の中でずっと咲き続けるはずです。

ご自身はもちろん、子どもや高齢の親など、家族そろって押し花作品を作ってみてもよいでしょう。お互いの作品を見て、意見を伝え合う中で、心のこもったコミュニケーションが生まれるかもしれません。また、そのようにして作った作品をアルバムのような形でまとめておくことで、家族の心のつながりをいつでも見返すことができます。

心の軌跡をたどるツールに！

押し花セラピーならではのよさは、作品が残ること。そして、心の日記という感覚で手軽に作れること。同じような押し花を使ったとしても、少し時間を置いて作ってみると、前のものとはまた違った作品に仕上がります。

過去の作品を見返すことで「あのときは、すごく迷っていたな」「このときは、前に比べて少し自信が持てるようになっていたな」など、そのときの心模様を客観的にたどることができます。

身近なアウトドア体験ができる

自然に触れようとすると、シートやお弁当を持って公園に出向いたり、さまざまな用具を準備してキャンプに出かけたり。でも、女性にとってアウトドアに出るのは、意外と大変。

行く前の準備や現地での日焼けケアや帰ってからの後片づけなどを考えると、なかなか重い腰が上がらないという場合もあるのではないでしょうか。また、高齢者の場合は、外に出たくても思うように体が動かなかったり、体調面に不安があったりして、自然と触れ合う機会を自由に持てないこともあるでしょう。

そんなときは、ぜひ押し花で作品を作ってみませんか。アイロンで手早く作る押し花作り（72ページ）なら、草花の香りが残ることが多いので、香りによる癒やし効果も得られます。その場合は、ラベンダー、ローズマリー、レモングラスなど、比較的香りが強い植物を押し花の素材に選ぶとよいでしょう。

このようにして押し花と触れ合うことで、香りやその手触りなどから、アウトドアの空気を感じることができます。野に咲く花を見れば、野原に降り注ぐ日の光やそよ吹く風を感じたり、バラの花を見れば、美しいバラ園の様子が心の中に広がったりするかもしれません。

家の中に居ながらにして、押し花を介して心で外の空気を感じることができます。押し花は、もっとも手軽に、身近なアウトドアを体験できるツールでもあるのです。

人と人とのフラットな関係を築く

一般的にセラピーというと、セラピストやカウンセラーとクライアントという、安らぎを与える側と受け取る側という関係性になりがちです。会話でみていくと、その関係性がわかると思います。たとえば、

「今日はどうされましたか？」

「いろんなことを考えると、不安が強くなって、気持ちが落ち着かなくなってしまいます。夜もなかなか眠れなくて」

「どんなことをきっかけに、不安が強くなりますか？」

「仕事のことを考えたときでしょうか」

こうした会話が続くようなセッションやカウンセリングを受けると、ただでさえ心身が弱っている状態のクライアント側は、「やっぱり私はダメなのかな」「あなたは上で私は下」という思いを抱きがちです。けれど押し花セラピーの場合は、クライアントが作った押し花作品を一緒に眺め、意見をシェアすることで、フラットな関係性で対話することが可能になります。

「この赤いカーネーションの花びら、とてもきれいですね」

「はい。ふるさとの母をふと思い出して、取り入れてみました」

「私もカーネーションというと、母を思い出します」

「今年も母の日にカーネーションを贈りました。とても喜んでくれたけど、その後ろ姿を見ていたら、年老いたなと思い、少し切なくなってしまって」

こうした会話から、だんだんと心の境界線が取り払われ、最終的には上下ではなくフラットな関係性を築くことができます。このような関係ができたとき、人は初めて心からの安らぎを得て、本心からの言葉を口にできるのではないでしょうか。

老人介護施設などで過ごす高齢の利用者にも、同じことがいえます。ここでは、介護をする側、される側という立場の違いが生じてしまい、

利用者側は自分よりも年若いスタッフに気を使ったり、「どうせわかってもらえない」という諦めを感じたりしがちです。その結果、介護をする側が上、される側が下という意識がどこかに芽生えてしまいます。そうした関係の中で、「○○さん、今日は顔色がよく、おきれいですね」と言われて、果たして嬉しいでしょうか。もしかすると、心のどこかで「どうせお愛想でしょう」「私より、若いあなたのほうがきれいじゃない」と思われているかもしれません。

でも、そこに押し花が介在することで、花の美しさをともに感じる対等な関係性が生まれます。

「わあ、○○さん、とてもきれいな作品になったわね」

「そうかしら。でも、この花は前から好きでね」

「私も、このお花、好きなんですよ」

というような、心の通ったコミュニケーションが可能になります。このような会話から、利用者がどのような気持ちでいるのか、ふだん口にしないような思いを聞くことで、スタッフはより深い気配りができるようになります。

そこで気づいたことを利用者の家族に伝えることで、これまで気づかなかった心の状態を知り、さらに心のこもった対応ができるようになるはずです。

押し花セラピーはこんな人におすすめ

自宅で手軽にできる押し花セラピーは、さまざまな悩みを抱えているすべての人におすすめの療法といえます。その中でも、次にあげるような方々には、とくに効果を感じていただけるでしょう。ご自身はもちろん、あなたの大切な人のためにも、ぜひご活用ください。

ストレスを感じている

現代社会を生きる私たちは、日々、時間に追われ、さまざまなストレスを感じています。そんなストレスを解消する手段がない場合、鬱屈した思いは心の中に閉じ込められ、いつしか自分の本当の気持ちに気づけなくなってしまうこともあります。

閉じ込められた思いは、消えることなく、心の中にあり続けます。そのために、なんとなく気持ちが晴れない、生きている実感がない、何もやる気がしない、といった悩みが生じてしまうのです。

押し花セラピーでは、色とりどりの押し花を使い、自由に作品を作ることで、そこに投影された心の世界を心理分析から読み解き、無意識のうちに押さえつけてしまった心を解放することができます。

それと同時に、自分の本当の気持ちはどのようなものなのかに気づくことで、自分自身に対する気づきや発見を得ることができるというわけです。

同じような理由から、自己表現が苦手で自分の気持ちを言葉に出すのが苦手な人や、抑圧が強い環境の中で自分の意見を言うよりも、人の意見を優先してしまうタイプの人にもおすすめです。

環境が変化して落ち着かない

就職、引っ越し、結婚など、身の回りの環境が変化することで、知らないうちに心が疲弊してしまっていることがあります。環境の変化は、たとえそれが就職や結婚など、幸せな要因からのものであっても、私たちにストレスを与えるものだからです。環境が変わったけれど、なかなか気持ちが落ち着かない。そんなときも、押し花セラピーが役に立ちます。

作品を作り、それを心理学的な分析を加えて見ることで、自分はなぜ気持ちが落ち着かないのか、どんなことに不安を感じているのか、といったことに気づくことができるからです。モヤモヤとした不安や落ち着きのなさを目に見える形にし、自分で理解することで、心を穏やかに整えていきましょう。

自分自身をもっとよく知りたい

わかっているようでわからない、自分のこと。これから先、自分はどんなことをしていきたいのか。仕事、趣味、生き方など未来に向けて模索していたり、自分というものがわからないと感じていたりする人にも、押し花セラピーはおすすめです。

押し花を使った作品作りを通じて、「なぜ自分はこの色の花を選んだのか」「なぜこの場所に花を置いたのか」ということを心理学的に読み解いていきます。そうすることで、自分はどんなことが好きなのか、どんな人生を送りたいのか、社会でどのような役割を担いたいのかということが見えてきます。

ぼんやりとしたままの不安を作品という目に見える形にし、その意味を知ることで、あいまいだった自分という人間の輪郭が、はっきりと見えてくるはずです。

「なりたい自分」をなかなか実現できない人

現代社会は情報量が多すぎて「自分が何をしたいのかわからない」「なりたい自分になかなか近づけない」と悩む人が増えています。それは、もしかすると、頭でグルグルと考えすぎてしまい、本当の気持ちが見えなくなっているからかもしれません。

そんなときは、押し花セラピーに取り組み、作品作りに集中することで、頭の中を一度、無の状態にしてみてはいかがでしょうか。そうすることで、意識の奥にある潜在意識とつながり、本来の自分はどのようなことを感じているかに気づくことができます。潜在意識からのメッセージが、自分の作品の中に表れるからです。

心理学的な分析でそのメッセージを読み解くことで、身のまわりの情報に振り回されず、本当の心の声に耳を傾けることができます。そうすれば自然と、自分が何をしたいのか、そのためにどうすればよいのかが、明らかになってくるでしょう（「なりたい自分になる！押し花セラピーワーク」は134ページ参照）。

介護施設にいる高齢者など

花作家の若林佳子さんは、老人介護施設のレクリエーションとして、押し花を教えることもあるといいます。そこで感じたのは「施設に入っている高齢者の方々は明るくお元気な方も多いのですが、心を閉ざされている方も多いような気がして……」ということでした。

こうした施設に入ると、どうしても介護する人、される人という関係になってしまい、お世話される側の高齢者は、周囲に気を使ったり、寂しさや不安を見せまいとしたりするうちに、心がだんだんと閉じていってしまうのかもしれません。

そんなときも、介護スタッフから「すごく素敵な作品ですね」「私もこのお花、好きです」など、押し花を介した会話が生まれることで、心が通じ合うひとときを共に楽しむことができるかもしれません。

「押し花を介して生まれたプラスの言葉というのは、高齢者の方にも素直に聞いてもらえると思うのです。施設に入居されている方々の思いやプライドを大切にしたコミュニケーションツールとして、ご活用いただけたらと思っています」という若林さん。

レクリエーションとしてグループで、もしくは、一対一で押し花を使った作品作りを楽しんでいただき、それを介してその方の心の声を心理分析で知ることができます。作品を通じて、ふだんは口にされない思いを知ることで、より手厚い介護が可能になるでしょう。

もし、作られた作品から、その方が不安や寂しさを感じていることがわかれば、その気持ちに寄り添うように、介護スタッフは目くばり、気くばりをすることができるようになるからです。

また、押し花作品として形に残るため、それを家族に見せて、「今、このようなお気持ちになっていらっしゃるみたいです」など、本人の気持ちを代弁して伝えることもできます。そこから家族のフォローも得ることができれば、よりよい形の介護を実現させることができるでしょう。

子ども

現在は、各学校にスクールカウンセラーが配属され、いじめや暴力行為、不登校など、子ども達に何かあれば、相談することができる体制が整いつつあります。

ただ、子ども達から悩みを聞き出すのは、非常に難しいことでもあります。言葉としてうまく説明できないこともあれば、その子のプライドから「言いたくない」という場合もあるかもしれません。

そのような場合でも「押し花カードを作ろうか」「押し花の絵葉書

を作ってみない？」などと声をかけることで、素直な自分を出す機会を設けてみてはいかがでしょうか。

女の子であれば、「きれい」や「かわいい」ということで、押し花に興味を示す子どもが多くいます。男の子の場合は、「ちょっとしたアウトドアを体験してみない？」「友達や家族へのプレゼントに、作ってみない？」などと言葉をかけてみるとよいでしょう。

押し花の作品を作るという手段は、気持ちをうまく言葉で表せない子どもや、気持ちを言葉にすることに抵抗を感じている子どもたちと向き合う際に、有効な手段の一つとなります。

作品が出来上がったら、対話をしながら「すごくうまくできたね」「きれいな世界が描けたね」「私もこの雰囲気、好きだよ」などのプラスの言葉をかけてあげてください。そうすることで、押し花が本人にとって元気の源になったり、カード大の押し花作品をお守り代わりに持ち歩くことで勇気づけられたりという効果も期待できます。

保護者にとっても、わが子が心理テストで点数をつけられたり、細かく分析されたりした結果を伝えられるより、「今日は押し花でこんな作品を作りましたよ」と伝えられたほうが、受け取る感触が柔らかくなるというメリットもあります。

自宅サロンを開業するセラピスト

アロマセラピーやリフレクソロジーなどで、サロンを開業しているセラピストにも、押し花セラピーはおすすめです。トリートメントは心と身体に安らぎをもたらしますが、形として手元に残るものではありません。でも、この押し花セラピーは作品として残るので、クライアントからも好評を得ることが多いようです。

通常のサロンのメニューの中に押し花セラピーを入れたり、ワークショップとして押し花カードや押し花キャンドルを作ったりして、集客につなげることもできます。

友人同士や家族で

一人で気軽にできる押し花セラピーですが、押し花を使ったクラフト作りは、人数がいたほうが楽しいという一面もあります。気の合う友人と一緒に作ってみたり、家族そろって押し花作りを楽しんでみたりするのもおすすめです。

それぞれが作った作品には、その人だけの思いが詰まっています。どのような気持ちで作ったのかをシェアしながら、お互いの作品を鑑賞することで、これまで知らなかった相手の本心が見えてきたり、気づいてあげられなかった思いを知ることができるかもしれません。

また、親子の場合は、親が上、子どもが下という関係性になりがちですが、押し花作品を通じたコミュニケーションをとると、その関係がフラットになります。

「お母さん、この花が好きなんだ」

「へえ、そうなんだ。きれいな色だものね。私はこれが一番好き」

「あなたの選んだ花も、あなたらしくて素敵ね」

「そうかな。でも、お母さんの作品は、優しい感じがするね」

こうした会話からフラットな関係性が生まれ、お互いが思っていることを自由に伝えられる下地ができていきます。

ただ、友人や家族など、他者と一緒に押し花作品を作る場合は、人と比較したり、「あの子は上手だけどあなたは下手」などというように評価したりしないよう、気をつけなくてはなりません。

だれがどのように作った作品だとしても、それはそのときの本人の心が表れた大切なもの。本人の心と同じように、大切に扱うようにしてください。

column 1 顕在意識と潜在意識とは？

人には自覚している意識【顕在意識／意識】と、自覚はないけれど確かに存在する意識【潜在意識／無意識】があります。その割合は、顕在意識が3～10％、潜在意識が90～97％。人の意識においては、まだ自覚していない潜在意識が大半を占めているため、私たちは無限の可能性を秘めているといえるのです。それだけでなく、潜在意識を見つめていくことは、深い自己理解にもつながります。

顕在意識は「自分でコントロールができるもの」、潜在意識は「自分ではコントロールできないもの」ともいえます。「旅に出よう！」と急に思い立った場合、これは顕在意識での決意。その奥には、「一人でゆっくり考えたい」「新しい環境や発見がほしい」など潜在意識からの願望があり、それが顕在意識の決定に影響を与えているということが考えられます。

ほかにも、「成功したい！」と顕在的に思っているものの、いつもうまくいかないケースもこれにあたります。成功の直前でトラブルに見舞われたり、いつもならしないはずの誤った選択をしたり……なぜかいつも似たような状況で失敗し、成功が遠のいてしまう。こうした場合、過去の経験や生活環境などから、無自覚のうちに「私は成功しない（成功してはいけない）」などと、潜在意識に組み込まれていることが考えられます。

私たちが口にする「なんとなく……」という言葉の裏には、潜在意識からのメッセージがあるといえます。セラピーなどで「自己理解」を深めるために、意図的に潜在意識に目を向けることは、潜在的にある自分の願望や価値観を知り、自分らしく生きるにはどうしたらよいか、その方法を発見することにつながるでしょう。

作品名
「雨上がりのあじさい」

第2章

押し花で心を知る

手がけた作品は世界で一つだけのもの

押し花作品はその人だけのイメージを映し出す

似たような色・形の押し花を使ったら「みんな同じような作品になるのではないか」と思う人もいるかもしれません。でも、結論からいってしまうと、そのようなことはありません。似た感じのする作品はあるかもしれませんが、その作品が持つ意味合いは、本当に人それぞれだからです。

たとえばAさん、Bさん、Cさんの３人が押し花セラピーを体験し、お互いに似たような場所に、似たような花を置いたとします。でも、３人がそれぞれに持つ、作品イメージというのは、異なったものになるはずです。Aさんは「こんな風になりたいと思う、理想の自分を表しました」、Bさんは「昨日見た風景の中で、印象に残ったものを表しました」、Cさんは「子どものころのワクワクした感じを表現しました」というかもしれません。

つまり、押し花セラピーで手がける作品は、誰かと似ているかどうかという以前に、すべてがその人のイメージを映し出したオリジナルということになります。

私たちは押し花に自らの心を「投影」している

なぜこのようなことが起こるのでしょうか。それは、作り手が無意識のうちに、花に対して自分の心を映し出しているからです。これを心理学的には「投影」といいます。

投影とは、ものの見方や考え方の一つで、自分の心の状態や思考パターンを人やものに映し出すことを意味します。押し花で作品を作ると、作品に対してこの「投影」が起こるため、その人の心がそこに表れるのです。

実は、みなさんがよく観る映画も、投影が起きやすいものの一つといえます。同じ映画を観ていても、「面白かった」「いまひとつピンとこなかった」など、受け取り方は人それぞれです。

映画を観て、涙が流れたというシーンも、人によって異なるでしょう。たとえば豪華客船の沈没事故をモチーフとした映画「タイタニック」を観て、恋人たちが離れ離れになってしまうシーンで涙する人もいれば、音楽隊の人たちが沈みゆく船の中で最後まで演奏を続ける姿に涙する人もいます。

この場合、前者のシーンで涙がこぼれたという人は、今、そばにいる大切な人と自分を映画の恋人たちに重ね合わせたり、過去の一時期を一緒に過ごした誰かを思い浮かべたりしたのかもしれません。一方、後者の場面で感動したという人は、自分自身の信念を貫いて生きていきたいという気持ちが強い、と受け取ることができます。

心理カウンセリングの現場では、箱庭セラピーやアートセラピーなどで、この投影がよく起こります。

クライアントが形作った箱庭やアート作品についての対話を通じて、そこに表れている傾向や特徴を分析することで、カウンセラーはその人の心の中にある潜在的な真意を探していきます。

その結果をお伝えすると、往々にして「当たってます！」「なぜ、わかるんですか!?」と言われることが多いのですが、実は、当たっていて当然なのです。なぜなら、クライアントの中にある思いを、クライアント自身が作品の中に引き出しているからです。

ビジュアライズ（視覚化）からバーバライズ（言語化）へ

心の中を目に見える形にするのは、とても有意義なことです。心理学の世界では、ビジュアライズ（視覚化）したものは、バーバライズ（言語化）できるといわれています。

言葉にならない思いというのは、誰もが感じたことがあると思います。心の中にあり、目には見えないその「思い」を言葉にするのは、意外と難しいものです。ところが、それを作品などの形にビジュアル化し、目に見える形になったものを言葉にするというのは、比較的容易にできるのです。

モヤモヤした感じや、漠然とした思いを目に見える形にし、それについて質問をされると、作品を作った本人は、一生懸命にその理由を言葉で伝えようとします。

「これは何を表しているのですか？」

「そうですね……一人ぼっちの子どもを表しています」

「なぜ、これをここに置いたのですか？」

「理解してくれないなら、もういい！と、一人離れている感じで、ここに置きました」

このようなやり取りを通じて、心の中にぼんやりとあった思いが言葉となり、その姿がだんだんと明らかになっていきます。こうしたやり取りから、「私、本当は寂しかったんだ」「平気な顔をしていたけど、すごく怒りを感じていたんだ」など、それまで気づくことのなかった思いに気づくことができるのです。

そこから自然と、自分自身の本当の気持ちを理解することができ、さまざまな思いや葛藤を抱えていた自分を受け入れられるようになります。こうした自己理解や自己受容を通じて、私たちは深い癒やしとともに、未来に向けて歩き出す力を得ることができます。

ぜひみなさんも、押し花で作品を作ることによって、自分の心と向き合ってみてください。自分ではもう過去のこととして、忘れていた感情がよみがえってくるかもしれません。これまで思いもしなかったような気持ちが、湧いてくるかもしれません。

心の奥底に押し込めていた思いが表面化することで、そこを根として生じていた悩みも、自然と解消されていくはずです。

なお、ご自身（もしくは家族や友人など）が作った作品をみていくときには、心理学的な分析にばかり重きを置かないことが大切です。作品に表れた心を読み解くには、分析も大切な要素となりますが、一番大事なのは、それを作った本人の中にある、作品に対するイメージだからです。

作品を作ったのが自分であるなら、自分自身との対話を通じて、また、家族や友人が作った作品をみる場合は、お互いの対話を通じて、その人が作品に対して持っているイメージを第一に考えていってください。そこを抜かして分析に重きを置いてしまうと、その人の「本当の気持ち」を見誤る場合があります。

「どのような思いで作ったのか」「どんなシーンを思い浮かべて作ったのか」「なぜ、この色の花を使ったのか」などの対話をベースにしながら、そこに心理学的な分析要素を加え、その作品に投影されている心の風景を読み解いていきましょう。

このような形で作品を見ていけば、その人の心の風景を的確にとらえることができます。そうすれば、どのような思いが作品内に込められているかということも、深く理解できるはずです。

作品に対するイメージを大切にする

作品に対する心理学的な分析も大切ですが、一番大切にしてもらいたいのは、作り手がその作品にどんなイメージを持っているかということです。

たとえば、作品の中に「山」がモチーフとして出てきたとしましょう。ユング心理学では、これは「目標」などを表す象徴です。
山について、「登ったら気持ちよさそう」「頂上からはどんな景色が見えるのだろう」など、通常の目標としてとらえた解釈においては、「自分は何かを目標として掲げている。そのために山をここで表しているんだな」というように、理解することがきます。

けれど、もしあなたが山で大切な人を失うという経験をしていた場合、そこには目標というよりも、その体験による「深い悲しみ」が心に残っているというように解釈することができます。また、山で遭難しかけた経験がある場合、そこで体験した「恐怖や不安」を表しているというようにも、捉えることができます。

そのため、山に対して深い悲しみ、もしくは恐怖や不安がある方の場合、何か目標に向かっていくというよりは、「過去に感じた感情を乗り越えようとしている」というようにも捉えられます。

また、ユング心理学の生みの親であるカール・グスタフ・ユングは、「人生は山登りに似ている。山へ登ったかぎりは、降りなければならない。山に登ったということは、登って降りたということ」という言葉を残しています。人によっては、山というのは人生のアップダウンを表すものとなるかもしれません。

ひと口に山といっても、そこにどのようなイメージを持つかは人によって異なります。心理分析の手法だけに重きを置かず、その人が持っているイメージを大切にしましょう。

なぜ押し花で心がわかるのか

花を鏡に自分の心を映し出す

花というのは、まっすぐ天に向かって伸びて成長し、時期がくれば虫たちに受粉を手伝ってもらい、また新しい命を芽吹かせ、やがては命が尽きて枯れていきます。けれど、そこで終わってしまうわけではありません。枯れてしまった花が生み出した新しい命が、また新たな命を生み出し、「破壊と再生」という生の営みのサイクルを繰り返していきます。

人間も花と同じように、成長するにつれて天に向かって背が伸び、ある時期にパートナーと出会い、子どもを生んで育み、寿命が尽きれば、この世を去ります。やがて、その子どもは大人になり、結婚し、新たに生まれた子どもを育てていく。こうして「生命のリレー」は続いていくのです。

押し花セラピーで作品を作るとき、私たちはこうした生命のサイクルを無意識のうちに感じ取り、目の前にある花の姿に、自分自身の内側の世界を映し出していきます。

心理学の世界では､これを「投影」と呼んでいます。押し花セラピーの場合は、自分の心の状態や思考パターンが押し花を使った作品に映し出されるため、その人の心が作品の中に表れます。どんな色の花を使ったのか、どんな形の草花を使ったのか、そして、それらを置いたのはどんな場所なのか。

心理学の分析手法を使うことで、それぞれの意味が明らかになります。そこから、自分の心の中の風景を読み解くことができるのです。内側の世界、つまり心というのは、外側からは容易には見ることができません。でも、花の姿を鏡にすることで、今の自分の本当の姿、心の中にある本当の思いを見ることができるようになります。

「世界に一つだけの花」と「世界に一人だけの人」

この世の中には、まったく同じ人間がいないのと同様に、まったく同じ花も存在しません。日本人というくくりで見た場合、私たちはたしかに肌や瞳、髪の色は似ているかもしれませんが、一人ひとり顔の作りも違えば、姿形も違っています。

さらにいうと、日本人として同じような文化的背景は持っているものの、私たちの心は、それぞれがまったく別物として機能しています。１つの赤いリンゴを見たとしても「赤くてツヤツヤしていておいしそう」「アダムとイブの禁断の果実」「そういえば、スーパーで特売になっていたな」など、そこから感じることは、人によって異なります。

花にも、これと同じことがいえます。たとえば、赤いカーネーション。パッと見ると、どれも同じようですが、よく見ると、花びらの形や色艶など、全く同じものというのは存在しません。

そして、その花にどのような思いを抱くかも、人によって違います。同じ赤いカーネーションを見たとしても、ある人は「昔、母の日に贈ったな」と思い、またある人は「赤より黄色いカーネーションのほうが好き」と感じ、別の人は「幾重にも重なった花びらが美しい」と受け取るかもしれません。

だからこそ、人も花も、すべてがオリジナルで、尊いもの。押し花セラピーは、唯一無二の私を、この世に一つだけの花に映し出し、よりよく理解していくための方法でもあるのです。

花の色、形は何を教えてくれるのか

押し花セラピーでは、作品を作り、そこから作り手の心のあり方を読み解いていきます。作品に映し出された心の風景を見ていく際、ポイントとなるのが、使った花の色、大きさ、そして、上下左右どの位置に押し花を配置しているかということ。

それぞれを心理学的に分析していくと、赤は生命力や情熱、青は冷静さや安定を表しているなどということがわかります。また、花の大きさによっても、大きければエネルギッシュ、小さければ繊細な部分がある、というように見ていくことができます。そして、どの位置に置いたかということからは、その人の本能が感じている、もしくは、社会的な立場における自分を表している、などがわかります。

以下より、それぞれの心理分析の解釈の仕方を詳しく説明していきます。ただし、こうした解釈は絶対ではありません。まずは、作り手がどのような思いで作品を作ったのか、その人が持つイメージを大切にしながら、心の風景を探していく必要があります。

作品分析に対する注意点などもあわせて紹介していますので、こちらもぜひ参考にしてみてください。

心理学における各色の象徴とイメージ

色	象徴	イメージ	メッセージ
赤	血、肉、火	生命力、元気、情熱的、行動力、攻撃的	物事に対して、意欲的に取り組める時期。考えるだけでなく、行動に移すことで次にとるべきステップが見えてくるでしょう。
青	知性、理性	安定、安心、冷静、判断力	知性や理性を使って、物事を冷静に見られる時期。物事を正面からではなく、少し上から見渡すように客観視してみましょう。

色	象徴	イメージ	メッセージ
緑	生命のはじまり、樹木、草	母性的、安全、バランス、調和	新たなはじまりを迎えている時期。一つの考え方に固執するのではなく、調和的な考え方を取り入れることで道が開けていきます。
白	潔白、純粋	原点（はじまり）、純粋さ、プライドの高さ	何にも染まっていない、本来の自分に戻る時期。不必要なプライドは捨てて、心がワクワクする方向に向かっていきましょう。
黄色	太陽	躍動的、希望、光、気づき、寂しさ	自分の本当の気持ちや可能性が新たに見えてくる時期。新しい道を模索したり、気心知れた仲間を作るとよいでしょう。
茶色	大地	安定性、父性的、たくましさ、頑固さ	安定した何かを求めている時期。自分が本当に望むものは何か。一人だけの休息時間を設けて、考えてみてください。
黒	夜、闇、死	都会的、センスがよい、恐怖、破壊と再生	洗練されたもの、都会的なものを求めている時期。何かに対する恐れがある場合、まずはその恐れを見つめてみてください。
紫	希少性、特異性	癒やしを求める、高貴、不安定	あなたならではの強みを活かす時期。もし、心が落ち着かないときは、心身をリラックスさせる時間をとってみてください。
ピンク	愛情、あたたかさ、官能	情動、幸福、かわいらしさ、安らぎ、繊細	安らぎや幸福感に満ちている時期。自分にとっての安心・安全、幸せとはどのようなものなのか、考えてみるとよいでしょう。
オレンジ	エネルギー、火、炎	健康、親和、陽気、家庭的、生命力、希望	希望にあふれ、さまざまなことに興味が湧く時期。自分にとって大切なモノ、ヒト、コトを見つめ直すのにも適しています。
黄緑	芽生え、誕生	成長、はじまり、若さ	新しい価値観や考え方が芽生えている時期。これまでのやり方に固執せず、新たな方法を取り入れてみてください。
灰	あいまい、停滞	控えめ、不安、穏やかさ、孤独	不安や孤独を感じ、先が見えづらい時期。けれど、これらの感情に向き合うことで、自分が進むべき道が見えてくるはずです。
紺	堅実さ、誠実	真実、集中、精神的	精神的な何かを求めている時期。集中して、自分にとっての真実とは、どのようなことなのかを考えてみてください。
水色	無意識、水、空	癒やし、安らぎ、水、自由	癒やしや安らぎ、自由さを求めている時期。自分の可能性を制限している考えに気づいたらすべて手放し、軽やかに前進しましょう。

花や草の大きさが表していること

押し花といっても、さまざまな形があります。なかでも、花の大小は、その人のエネルギーを表しています。

●大きな花

・エネルギーが高い
・大胆に物事を進められる
（ストレチア、ユリ、カラー、ハイビスカス　など）

●小さな花

・慎重になっている
・どこかに警戒心を持っている
（日日草、ネモフィラ、花びらのみ使用する　など）

●大きな花びら（50mm × 30mm より大きなもの）

・おおらかなエネルギーを持っている
・シンプルに物事を考えられる
（アンセリウム、チューリップ、コブシ、ハナミズキ　など）

●小さな花びら

・繊細なエネルギーを持っている
・傷つきやすい部分がある
（レースフラワー、かすみ草、菜の花、スターチス　など）

花を置く位置が示すこと

作品を作る際、台紙のどの位置に花を置くかということも、心の状態を読み解くための一助となります。

左半分 ＝ 自分の内面	自分自身	右半分 ＝ 外の世界に向けて見せる自分

また、台紙を四分割して考えると、次のようになります。

左上 ＝ 物事の考え方、思考	右上 ＝ 社会性、未来 表に見せている自分
左下 ＝ 本能、潜在的な 深い部分	右下 ＝ プライベート領域、 家族間の問題、 恋愛の問題

作品の分析で注意すること

押し花セラピーで作った作品は、どれもがその人の心を表した、この世でただ一つの大切なものです。気持ちが繊細になっている人の場合、その作品を自分の心そのものと感じているかもしれません。また、作品についての思いを話していくうちに、それが自分にとってどれだけかけがえのないものであるかに、気づく方もいらっしゃいます。

そのため、作品そのものを粗雑に扱われたり、対話の中で心ない言葉遣いや決めつけなどをされたりすると、その人はせっかく開きかけた心を閉ざしてしまうかもしれません。

そのようなことがないよう、自分の作品も、他者の作品も大切に扱うことが大切になります。

また、心理分析の解釈ばかりを気にして、作り手のイメージをないがしろにしては、その人の本当の心は見えてきません。これは自分の作品に対しても、他者の作品に対してもいえることです。

では、実際に作品を分析するときには、どのようなことに気をつけ、どのような態度で臨めばよいのでしょうか。次ページから、それぞれの注意点について紹介します。

自分の作品を分析するときの注意点

小学校に入るあたりから「Ａちゃんはよくできる」「Ｂちゃんは普通」「Ｃちゃんはあまりよくできない」など、私たちはさまざまな評価にさらされてきています。そのため、押し花の作品を作ろうとしたときにも、「うまく作らなくては」などといった思いが、頭をもたげてくるかもしれません。

でも、そうした思考にとらわれればとらわれるほど、本当の自分の心は表現しづらくなってしまいます。自分で作品を作るときには、次のことに注意して、あなたの気持ちのおもむくままに、作品を形作っていきましょう。

●うまく作ろうとしない

「こうすれば見映えがよくなる」「こうしたら華やかになる」など、いわゆる上手な出来上がりを目指して作ろうとしないでください。

また、心理学的な分析を思い浮かべ、「社会的にしっかりしていると思われたいから、社会性を表す位置に冷静さを意味する青い花を置こう」など、あれこれ考えながら行わないこと。

そのときの自分の気持ちを大切に、自由に素直に、作品作りに没頭してみてください。

●評価したり、人と比べたりしない

上手か下手か、よい出来か悪い出来かなど、人と比べて自分の作品を評価しないこと。「自分が作るすべての作品は、そのとき最高のもの」という認識でいることが大切です。

他者の作品を分析するときの注意点

家族や友人など、自分以外の人が作った作品を見るときも、自分の作品を扱うのと同様に、評価や比較はしないようにします。また、他者の作品を扱うということは、その人の心を扱うということになります。作品を雑に扱ったり、不適切な言葉を使ったり、こちらの価値観を押しつけるような話し方をしては、その人の本当の心は見えなくなってしまいます。

その人がどのような思いで、どんな気持ちを表したのか。その部分を丁寧に聞き出していく姿勢が必要です。作品を通じて対話を重ねる際には、細やかな気遣いをしながら、次のような点に注意して、話に耳を傾けてください。

●作り手のイメージを丁寧に聞く

つねにプラスのイメージを与えるような言葉がけを心がけてください。「このお花、とてもきれいですね」「私もこの花、好きなんですよ」「作品全体がとてもよい雰囲気ですね」など、あなたが素直に「素敵だな」と感じたことを伝えてみましょう。

続いて、その作品に対する作り手のイメージをしっかりと聞きます。「この花はどのようなイメージで置かれたのですか」「この中で一番大事な花はどれですか」などと尋ねながら、どのようなイメージでその作品を作ったのか、それを本人の言葉で語ってもらいます。

その上で、心理学的な分析を加えた解釈を説明していきましょう。「青には冷静や安定という意味がありますが、○○さんの場合は、どちらの言葉がしっくりきますか？」「この花を置かれたこの場所は、潜在的な深いところに関わるようなのですが、何か心あたりはありますか？」というように、「これはこうだからこうです」と決めつけず、本人がどのように感じるかを聞きながら対話を進めていきます。

そうすると、相手も「実はこれ、こういう思いがあって……」「見ないようにしてきたけれど、本当はこんな思いがあるのかもしれません」というように、それまで封印してきた思いを開示しやすくなるでしょう。

このようにして、心の奥にあった思いが表面化し、それを言葉にできると、本人の中では大きな浄化や癒やしが起こることが多いのです。

相手の作品を分析するときは、ぜひ、丁寧に対話を重ねて、その人の本当の思いを、一緒に探し出してあげてください。

●作品を大切に扱う

人の作品を扱うときは、その作品自体がその人の心だと思って、大切に扱う必要があります。作品をあなたが持つときは、必ず両手で持ち、テーブルの上に置くときも、音を立てずやさしく置くなどして、丁寧に取り扱ってください。

また、作品を分析する際、「この花にはどんなイメージがありますか？」などと聞きながら、作品の一部をペンや指で指してはいけません。そうした対応から、自分の心が雑に扱われている、自分が下に見られていると感じる人も、少なくないからです。

もし、場所を指し示す場合には、指を揃えて手全体で示すようにします。デパートの受付の方に売り場を尋ねたとき、「あちらでございます」と手で示してくれる、そんなイメージです。

どのような作品であってもその人の心だと思って、否定せず、評価せず、丁寧に扱うことが、重要なポイントとなります。

質問はオープンクエスチョンで

オープンクエスチョンとは、「はい・いいえ」という回答範囲を設けずに、相手が自由に返答できる質問のことです。実際に行うときは、5W1H = when（いつ）、where（どこで）、who（誰が）、what（何を）、why（なぜ）、how（どのようにして）の六つの疑問符のいずれかを使った質問をしていきます。

押し花セラピーの対話で使う場合には「この花は（何を）表していますか？」「(なぜ)、ここにこの花を置いたのでしょうか」というような質問を重ねて、対話を深めていくとよいでしょう。

オープンクエスチョンには、「話し手が自由に回答でき、幅広い答えを引き出すことができる」「話し手自身が考えを深め、新しい気づきを得ることがある」というメリットがあります。作品に対する相手の思いを聞き出す際には、こうした質問スタイルを取り入れることで、その人が一番大事に思っていること、一番気になっていることなどが、自然と話の中に出てくるようになるでしょう。

その逆に、「はい・いいえ」で答えられる質問をクローズドクエスチョンといい、「これは○○ですか？」「この部分は○○ですか？」という質問の仕方になります。ときどきならよいのですが、この質問が続くと詰問されている感じになり、自由に答えられなくなってしまうので、気をつけましょう。

column 2 相手の心を開く聞き方

クライアントを前にしたとき、プロの心理カウンセラーとして、尾下 恵さんが気をつけていることは「まず、表情、目線、仕草など目に見える部分で受容的態度を表すこと。相手の言葉を否定したり、話をさえぎって自分の意見を言ったりしないこと」だといいます。

また、相手にどんな質問を投げかけるかも、大事な要素の一つ。押し花セラピーで他者の作品について話を聞く際には、以下のような質問を交えながら行うと、より深く相手の心を知ることができます。

【序盤】具体的に、相手の感情や考え方がわかるように掘り下げる。

「作ってみていかがでしたか？」

「どんなイメージで作られましたか？」

「それはあなたにとって、どんな意味があると思いますか？」

【中盤】質問を投げかけて、本人に意味を考えてもらう。

「もし、花があなたにメッセージを送っているとしたら、どんなメッセージだと思いますか？」

【終盤】花の色や形、置いた場所などの解釈を取り入れながら、話を収束させる。

「白ははじまりを表します。あなたの中でも何かが新たにはじまろうとしているのかもしれませんね。いかがですか？」

「作品を作ったときと、今、いろいろお話しされた後では、作品に対する思いに、どんな違いがありますか？」

自分の価値観で判断しない

他者が作った作品に対して、意見を伝えるときは、自分の価値観で断定したような言葉は使わないようにします。「なんだか、悲しそうな色」「ここで表したのは不安ですね」など、自分の勝手な解釈で、作品をとらえようとしてはいけません。

その場合、相手は自分の内側に、土足でズカズカと踏み込まれるような感じがして、心を閉ざしてしまうでしょう。また、その解釈が間違っていた場合、相手は不信感を持ちはじめ、カウンセリングがスムーズに進まなくなってしまうこともあります。

たとえそれが、心理学的な分析による解釈だったとしても、その人自身は、違うイメージを持っているかもしれません。分析の解釈に重きを置きすぎず、自分の考えや解釈だけで、その人の作品を断定しないように気をつけてください。

それよりも、「これはどのようなイメージで作ったのですか？」「黄色には、明るい・元気という意味もありますが、寂しさという意味もあります。どちらがしっくりきますか？」など、その人のイメージを第一に考えた質問の仕方を心がけましょう。相手がリラックスして自由に答えられる環境作りを意識することで、その人の心の繊細な部分まで読み解けるようになっていきます。

column 3 注意したい質問例

家族や友人など、他者が作った作品について、質問をしていくときには、オープンクエスチョン（60ページ）を心がけ、なるべくプラスのイメージを与える言葉を使うようにします。また、自分の価値観を押しつけたり、断定したりすることも避けます。

次の質問例を参考に、実際にあなたが他者の作品を向き合うときには、どのような質問に注意し、どのような質問を取り入れたらよいかを考えてみてください。

● OKな質問例

「この花はどのような思いでここに置いたのですか」

「この花の色から、どのようなことをイメージしますか」

「なぜ、この色を選ばれたのですか」

「この場所に花を置いたのは、なぜですか」

「この作品全体に、どのようなイメージをお持ちですか」

● NGな質問例

「この花はあなたご自身を表していますね」

「私はこの花は苦手ですが、なぜ選ばれたのですか」

「これがあなたの不安要素だと思いますが、いかがですか」

「あなたの悩みは○○ですね」

「たぶん、あなたは○○な人だと思いますが」

column 4 色が心に影響を与えるのはなぜ？

私たちの心に、色はどう影響するのでしょうか。それを探求する色彩心理学は比較的新しい学問ですが、色の重要性は東洋・西洋に関わらず、古い時代から認識されてきました。

ドイツの有名な詩人であり、多くの肩書を持つヨハン・ヴォルフガング・ゲーテ。彼は晩年、光学と色彩の研究に力を注ぎ、1810年に「色彩論」という本を発表。完成までに20年もの歳月をかけ、「この研究が人生で最大の偉大なものである」との言葉を残しています。

1947年には、世界的に有名なスイスの精神療法医マックス・リュッシャーが、色に関するさまざまな人間の反応を分析しています。そのカラーテストはゲーテの色彩論を掘り下げたもので、現在も多くのセラピスト、心理士、専門医などによって、利用されています。

また、色と心は深くつながっており、それぞれの時代に流行った「色」にも反映されています。日本のバブル期には、鮮やかな原色が流行色となり、バブル崩壊後はモノトーン系が流行り、経済の回復にともない、淡いパステルカラーがファッションに多く取り入れられました。

企業や職種にも、色は反映されています。飲食店は食欲を促す赤やオレンジ、弁護士事務所や信頼を打ち出す企業では安定を表す青や紺が多く使われています。寒色系は心を落ち着かせ、暖色系は気持ちを前向きに変える効果があることから、ドクターや看護師の着衣の色味など、患者の心理に合わせた色彩を取り入れる病院も増えています。

実際のセラピーの現場でも、モチベーションを上げるために明るい色を身につけたり、新しい自分を発見するために普段は選ばない色を身につけたりするなど、さまざまな場面で応用されています。

第3章

押し花の作品を作る

作品名
「めざめ」

作品を作る

用意するもの

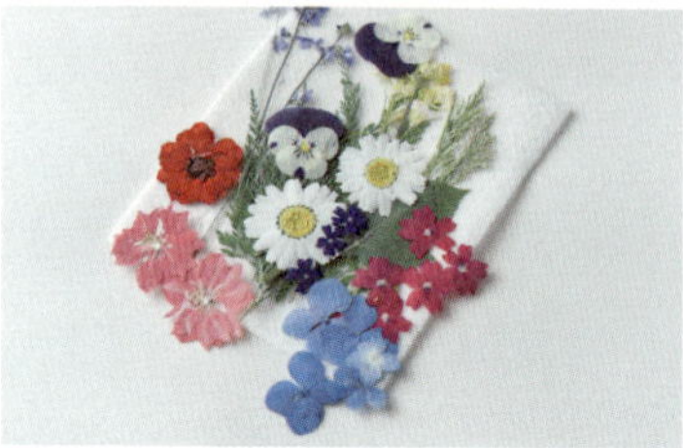

好みの押し花
作品で使いたい押し花を数種類用意する。

台紙
ポストカード大に切った画用紙。色画用紙などでもよい。

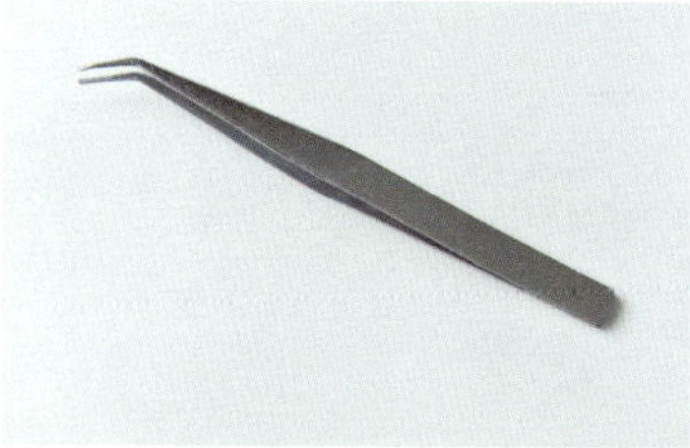

ピンセット
先がかぎ形に曲がり、先端は丸みをおびたものがおすすめ。先端がとがったものでもよいが、押し花を傷つけないよう気をつける。

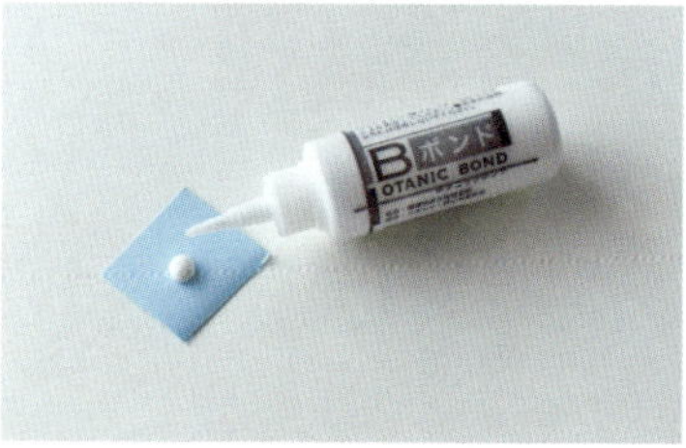

ボンド
写真は専用のボタニックボンド。なければ通常の木工用ボンドでもよい。少量を紙の上に出しておく。

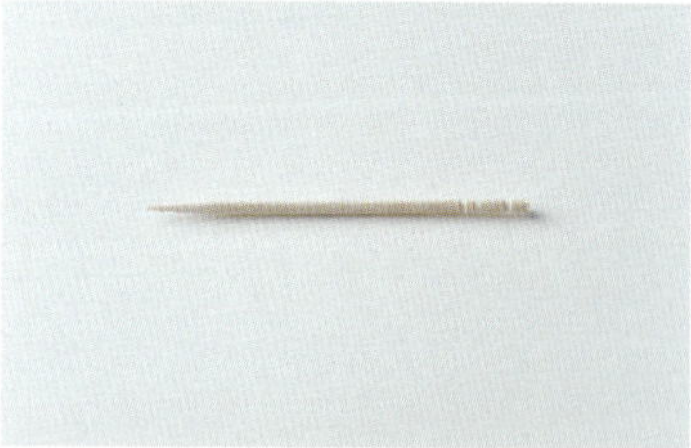

ようじ
ボンドを少量ずつ押し花につけるために使用。

押し花を貼る

①台紙の上にピンセットで押し花を置き、どの位置に置くと一番しっくり感じられるかを確認。

②配置が決まったら、ようじの先にボンドを少量つけ、押し花の裏につける。

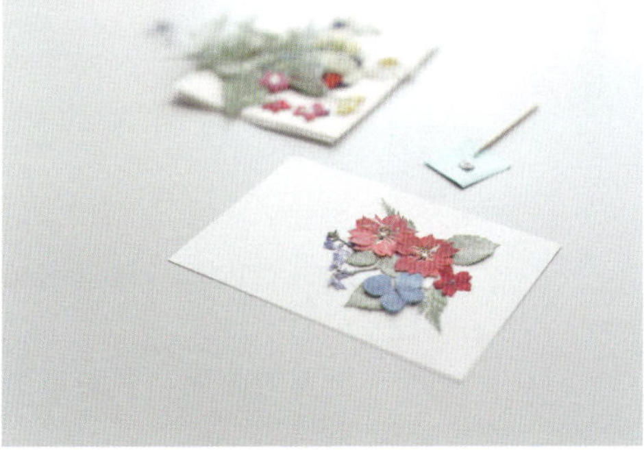

③ボンドをつけた押し花を台紙の上に置き、位置を固定する。

仕上げる

作品をきれいに保存するための透明フィルム
専用のものもあるが、本の表紙保護に使用する透明フィルムでも OK（図書館などで使われている）。文具店などで入手できる。

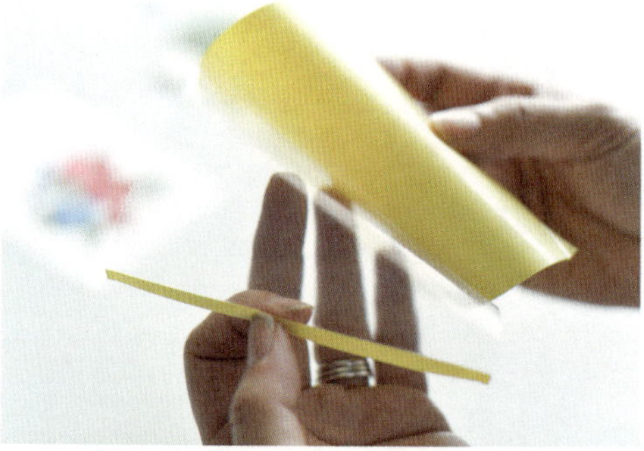

①透明フィルムをはがす

②フィルムと剥離紙（黄色い台紙）とに分け、フィルムの粘着面とは反対の面に剥離紙を持ってくる。

③そのままフィルムの粘着面を作品の上に置く。こうすると静電気でフィルムが思わぬところにくっついてしまうことがなく、きれいに貼れる。

④作品全体を透明フィルムで覆ったら、剥離紙で上から押さえる。中に空気の層ができないよう、内側から外側へ押さえる。

⑤透明フィルムで覆った作品の下に剥離紙を合わせ、台紙の大きさに沿って、周囲をはさみで切れば出来上がり。

作品の仕上げいろいろ

押し花作品はポストカードをはじめ、さまざまな形で楽しむことができます。自分自身の心を豊かにするアイテムとしてはもちろん、大切な人への贈り物、大事なお客さまをお迎えする際のおもてなしなど、さまざまなシーンで活用することができます。

前ページ作品の台紙に押し花を貼ったものがこちら。ポストカードとして誰かに送ったり、写真立てに入れて部屋に飾ったりできる。第５章のワーク（なりたい自分になる！　押し花セラピーワーク）で作った作品は、ときどき取り出して見るお守り代わりに、手帳などに挟んで持ち歩くのもおすすめ。

右上から時計回りに写真立て、ウェルカムプレート、コースター、しおり。アイデア次第でさまざまな形の中に、自分だけの押し花を咲かせることができる。

好きな花を押し花にする

押し花を作る際には、アイロンを使って手軽に手早く押す方法と、乾燥シートで数日かけて仕上げる方法があります。ご自身で「これならできそう！」と感じた方法から、試してみましょう。

方法１　アイロンを使う

５分でできる簡単押し花！　アイロンで押しては確認、を繰り返すことで手早く押し花を作ることができます。保管していた押し花が湿ってしまったときの再乾燥にも。

①新聞紙とキッチンペーパーを重ね、キッチンペーパーの半面に裏を上にして花を置く。

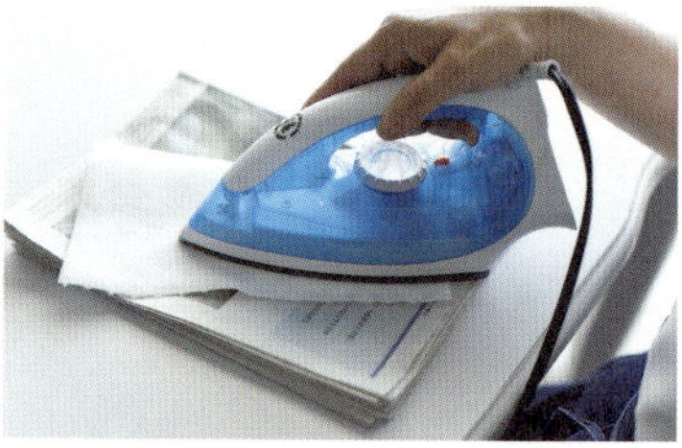

②キッチンペーパーのもう半面を花の上にかぶせ、その上から低温（シルクモード）でアイロンを当てる。花を均等に押すため、アイロンの中央部で押す。30秒押して乾燥が足りなければ、さらに10秒押して様子を見る、を繰り返す。

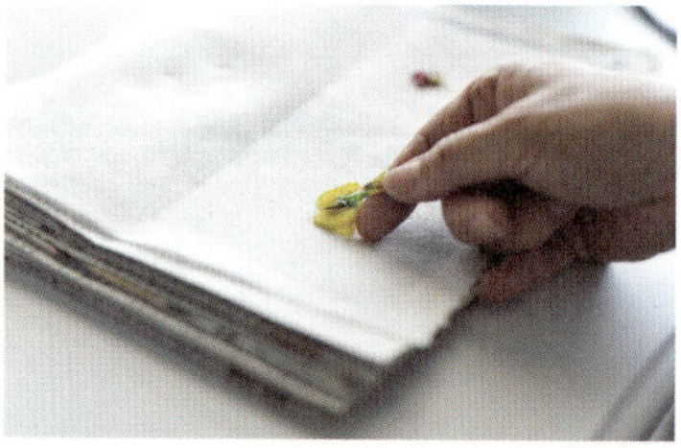

③ときどき花の位置をずらしながら行うと、キッチンペーパーに水分が吸収されて手早くできる。

出来上がりの目安
ピンセットでつまんで、花がピンと立つくらいに乾燥したら出来上がり。

方法２　乾燥シートを使う

花の色を美しく保ち、一度にたくさんの押し花を作ることができます。重しをのせて３日～１週間たてば出来上がり。乾燥シートに入れたまま保管することもできます。

乾燥シート
使い終わった乾燥シートは、電子レンジで30～50秒乾燥させれば、繰り返し使うことができます。

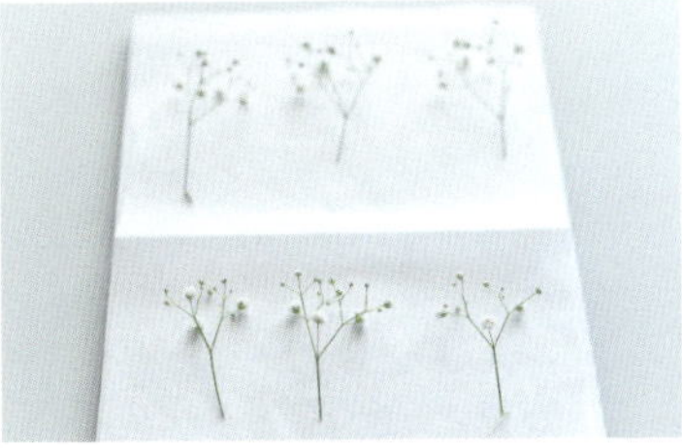

①乾燥シートの上に半紙を敷き、重ならないように花を並べる。

②花の上に半紙を重ねて、乾燥シートをのせる。その上にまた半紙を広げ、花を並べたら半紙を重ね、乾燥シートをのせる。

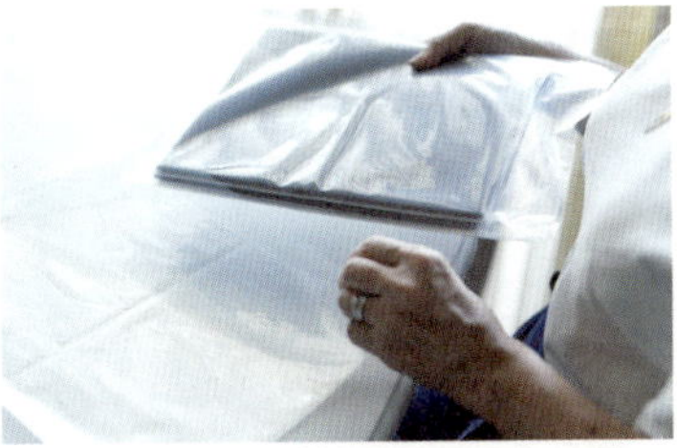

③数段に重ねた乾燥シートを２枚のビニールシートに入れる。

④その上から、圧が均等にかかるように重しをのせて、３日～１週間ほどおけば出来上がり。

旅先で気に入った花を見つけたら……

旅に出て気持ちがリラックスすると、道端に咲く花の美しさに心動かされることが増えるかもしれません。そんなときは、段ボールとキッチンペーパーで即席押し花を作ってみましょう。

①段ボールの上に半分に折ったキッチンペーパーをのせ、その半面に裏側を上にして花を置く。その上にもう半面のキッチンペーパーを重ね、段ボールを重ねる。

②重ねた段ボールの上にキッチンペーパーをのせ、①と同じ要領で花を並べ、キッチンペーパーと段ボールを上に重ねる。

③段ボールをゴムなどで留めて、固定する。この状態で花を傷つけないように持ち帰り、自宅に着いたらこの上に重しをのせて１週間ほどすれば、押し花の出来上がり。

保存方法

出来上がった押し花は、思い出とともに長期間保存することができます。ただ、とても繊細なので、傷つけないように、直射日光や湿気のない環境で保管するようにしましょう。

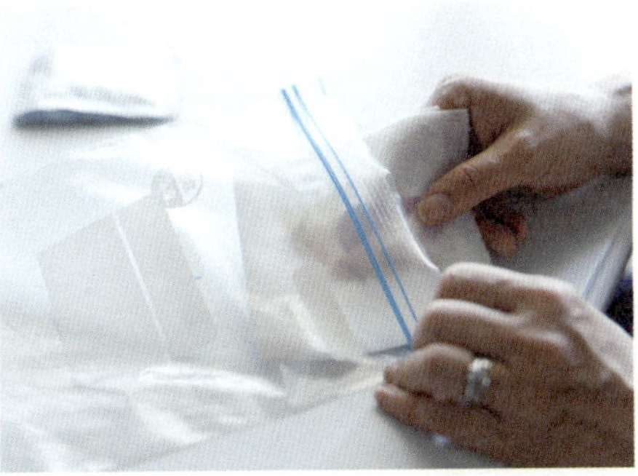

①押し花をキッチンペーパーにはさみ、ファスナー付きのビニール袋に入れる。

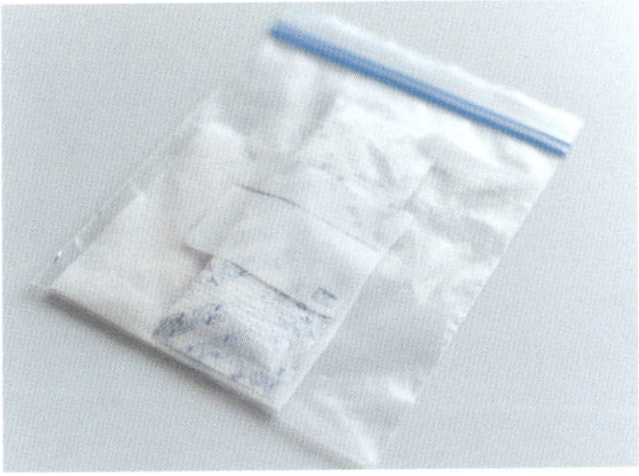

②ビニール袋の中に乾燥剤を入れる（乾燥材はお菓子や焼きのりなどに入っているものでもOK）。

③直射日光や湿気を避けるため、ビニール袋ごと缶の中に入れてふたをし、冷暗所で保管する。

押し花図鑑

ここでは比較的手に入りやすい、押し花たちを紹介します。押し花の材料となる草花にはさまざまな種類があり、色も形も大きさも、その花ならではの美しさに彩られています。あなたの心に響くのは、どんな花でしょうか。

1 ヤマハゼ
山中に生える落葉小高木で、高さ５～８m。秋になると紅葉する。

2 シャクヤク
厚みのある花なので、花びらに分解して押してもよい。開花期：５～６月。

3 クリスマスローズ
寒い時期に可憐に咲き、色は白、ピンク、黄、緑、紫、茶、黒など。開花期：１～３月。

4 アルストロメリア
色鮮やかなものからパステル調など、多彩な色合いが楽しめる。開花期：５～７月。

5 クヌギ
樹高は 15 ～ -20m で、秋には球形に近い形のドングリを実らせる。

6 カキ
秋の代表的な果実だが、葉は漢方の生薬などとしても使われている。

7 ナンキンハゼ
きれいに紅葉するため、庭木、街路樹、公園の樹木などによく使われる。

8 ルリタマアザミ
花は青、紫、白などで、手まりのような球状形がユニーク。エキノプスともいう。開花期：６～８月

9 スモークグラス
春に種をまく１年草。繊細な長い穂で、涼し気な姿をしている。

10 ミズヒキソウ
開花期は８～ 11 月で、茎に小花がまばらに咲く。

11 ヘクソカズラのツル
日当を好み、草やぶや樹木などによく絡みついている。開花期：７～９月。

12 タブノキ（新芽）
葉の表面に照りのある、代表的なクスノキ科の常緑広葉樹。中の新芽は淡い色だが、新芽を覆う目鱗は美しい赤色。

13 ベルフラワー
春から夏にかけて、紫や白のかわいらしい花を咲かせる。和名はオトメギキョウ。

14 四つ葉のクローバー
クローバーは三つ葉が多いが、たまに四つ葉のものも。見つけると幸せになれるというジンクスがある。

15 レースラベンダー
ラベンダーの一種。香りが弱い反面、開花した様子が美しいといわれている。

16 シメジ
薄切りにして押せば、しめじもこんなに可愛らしい形になる。

17 オクラ
初夏から秋にかけて出回るオクラまで押し花に！

18 キュウリ、19 ナス
皮の部分を薄く切り取って押すと、イメージそのままの野菜の形に仕上がる。

20
21
22
23
24
25
26
27
28
29
30
31
32
33
34
35
36
37
38
39
40
41
42
43
44
45
46

20、32 レースフラワー
レースのように優雅な姿で他の花を引き立てる。開花期：５～６月。

21 キャンデータフト
砂糖菓子のように可愛らしく、色は白、ピンク、紫など。開花期：４～６月。

22 ノースポール
開花期間が長く、真冬でも可憐な白い花を咲かせる。開花期：12～６月。

23 ゼラニューム
一重咲きから八重咲きまであり、花の色は白、赤、ピンク、紫など。開花期：３月～12月上旬。

24 アスター
エゾギクと呼ばれることも。花の色は赤、ピンク、白、黄、紫。開花期：６～８月。

25 フランネルフラワー
軽く柔らかい手触りは、毛織物のフランネルのよう。開花期：４～６月、９～12月。

26、37 アジサイ
日本産で梅雨どきに咲く代表的な花。色は青、紫、ピンク。開花期：６～９月上旬。

27 ユキノシタ
控えめな白い花を咲かせて、和の風情を感じさせる。開花期：５～６月。

28 スターチス
カラフルな色合いが美しく、白、赤、黄、青、紫などもある。開花期：５～７月。

29 ナデシコ
可憐な花と香りが魅力。花の色は赤、ピンク、白、黄、黒など。開花期：４～８月

30 アカバナユウゲショウ
昼間から午後遅くにかけて、ピンク色の艶やかな花を開花させる。開花期：５～９月

31、40 デルフィニューム
初夏をさわやかに彩る。色は白、ピンク、青、紫など。開花期：５～６月

33 スターチス
花の色は白、赤、ピンク、黄、青、紫など。開花期：５～７月。

34 ミモザ
黄色い花を満開に咲かせて春の訪れを告げる。開花期：３月～４月上旬。

35 カーネーション
厚みがあるので半分に切って押し花にする。花びらとガクを別に分けて押すことも。開花期：４～６月

36 ネモフィラ
美しく澄んだ青色の花は森の妖精のよう。開花期：４～５月。

38、39、42、44　ビオラ
コンテナや花壇などでおなじみの花。色も白、赤、ピンク、オレンジ、黄、青、紫、茶、黒と豊富。開花期：10月下旬～５月中旬。

41 葉ぼたん
夏に種をまき、寒くなるのとともに葉が色づく。冬から春にかけて観賞できる。

43 ジニア
百日草ともいわれ、白、赤、ピンク、オレンジ、黄、緑などがある。開花期：５月～11月上旬。

45 ペチュニア
赤、ピンク、青、紫、白、黄など、さまざまな色が楽しめる。開花期：３～11月。

46 リンドウ
青紫色の花が美しい、秋の代表的な山野草。開花期：９月下旬～10月中旬。

押し花作りの応用

厚みのある花を押す

ガーベラやカーネーションなど、花の種類によっては厚みがあり、押しづらいものもあります。その場合は、以下の方法で花の厚さを押さえ、乾燥しやすい形状にしてから押すと、きれいに仕上がります。

1．そのままの形で押す場合

①キッチンペーパーを２つ折りにし、中央部にがくの大きさに合わせた円形をはさみで切りぬく。そこに花を差し込み、茎を切り落とす。

②このような形にしたら、花の裏面が上を向くように配置して、押す。

2．花びらだけを押す場合

花びらだけを取って押す。作品作りで花びらだけ使ったり、元の花の形になるように、３で押したがくと一緒に使ったりすることもある。

3．がくの厚みを切って押す場合

がくを半分に切り、厚みを少なくしてから押す。花びらは少し残したまま一緒に押し、作品作りの際には、２で押した花びらを足しながら、元の花の形に近づける。

果物・野菜を押す

押し花は草花を押すイメージが強いのですが、果物や野菜などを薄くカットして押すこともできます。これらを使うと作品に意外性が加わり、押し花の世界がさらに楽しく広がります。

● 果物の場合

①薄切りにした果物の水分をキッチンペーパーであらかじめ取っておく。シートに水分がつかなくなったら OK。

②新聞紙の上にキッチンペーパーを敷き、①の果物を置く。その上にキッチンペーパーと新聞紙を重ねる。

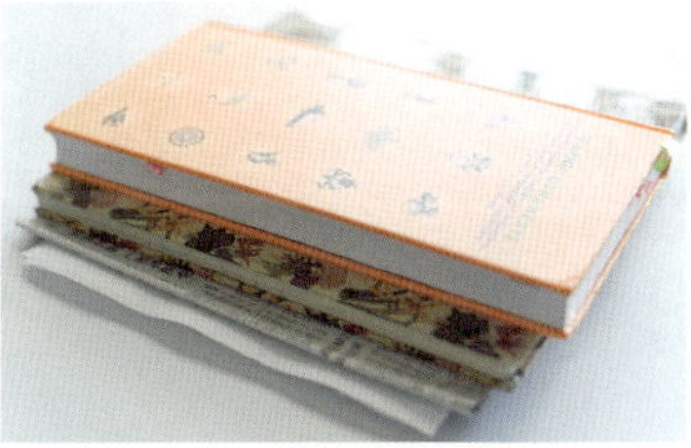

③重しは 1 kg 程度にし、1 時間おきにキッチンペーパーと新聞紙を替えながら様子を見る。水分が出なくなったら乾燥マットに移し、通常のように重しをのせ、3～5日ほどで出来上がり。

● 野菜の場合

薄切りにした野菜をキッチンペーパーの上に置いて水分を取る。水分がシートにつかなくなったら、果物と同様のやり方で押す。

押し花の作品例　若林佳子さんの作品

　花や葉だけでなく、果物や野菜を使った作品、花の形や色を生かして景色を描いたもの、パターン模様のような作品など、自由な発想で作られています。ぜひ参考になさってください。

元気をだして

使用花材
ぺんぺん草、柿、いちご、しめじ、人参、さやえんどう

何が足りないんだろう、
元気がないのはどうしてだろう。
そんなときに見ていただきたくて、
たくさんのフルーツや野菜を、
茎の枝で枠をとったラッピングでまとめました。
道端に元気に咲いているぺんぺん草も添えて。
食欲のない日に、目から元気を取り入れられるように
栄養満点な花束を作りました。

幸せの風景

使用花材
カスミソウ、バーベナ、千鳥草、
サンタンカ、ノースポール

丘の上まで続く花畑。
眺めているだけで幸せになるような
風景を作りました。
お花にあふれた丘の上にある我が家、
そして、偶然目にした花いっぱいの景色。
だれが見ても幸せを感じる風景を
目指しました。

空に咲く花

使用花材
ネモフィラ、バーベナ、レースフラワー

透き通るように透明な、水色のネモフィラの花を見ていると、
空のようだと唐突に思いました。
見上げるとこんな空が頭の上にあったら、素敵だなあと思います。

column 5 心理学でいう「投影法」とは？

押し花セラピーでも用いられている「投影法」とは、花、絵、人形など、他の「何か」に心を映し出し、それに対する解釈や判断・表現などから、内面の欲求や心理を知ろうとする心理技法の一つです。

1939年、アメリカの社会科学者L・フランが投影法の名を提唱しました。この技法は、人の潜在意識が映し出されるため、作為的に自分を偽ることは難しいとされています。そのため、本人も気づいていない深層心理が見えてくるなど、多くの利点があり、年齢や性別などに関わらず、幅広く用いられています。

なお、心理技法には、ロールシャッハ・テスト（知覚や連想を分析）、ＴＡＴ（空想から欲求などの内面を推定）、描画（表現を通じて人の深層心理をみる）など、さまざまな方法があります。

なかでも投影法の特徴は、人間が生まれ持つ投影（投射）という自我防衛機制を利用することで、その人の要求や葛藤を把握し、人格などの理解に迫ることができることといえるでしょう。投影法では、自覚していない深層心理を顕在化できるため、直接的な感情や記憶に触れることなく、他のものに心理を映し出す形で、客観的に自分の内面と向き合うことができるのです。

カウンセリングの中では、言葉による表現が苦手な人や子どもなどに投影法を用いることで、自然な形で内面を整理することができるという大きな利点があります。俯瞰（ふかん）的に自分を見つめるため、直接的な感情や価値観などに振り回されることもなく、思考や行動、抑圧している感情などを静かに見つめることができ、直接的なダメージにつながりにくいことも、メリットの一つといえます。

第4章

自分を知り、可能性を見出す

作品名
「花を飾って」

作品作りから見える心の風景

押し花制作体験ワークショップを開催

押し花作品を通じて、心の中の風景は、どのように見えてくるのでしょうか。東京・渋谷にあるアイディアヒューマンサポートアカデミーで行われた、押し花制作体験ワークショップに参加した方々の作品から、その風景をかい間見てみましょう。

当日は17名が参加し、会場内では5～6名ずつ、3グループに分かれて席に着きました。

最初に花作家・若林佳子さんから押し花の特徴や「インスピレーションを大切に、心のおもむくままに押し花を置いていってください」などのアドバイスがありました。

その後、同アカデミーで講師も務める尾下恵さんから、押し花によって心理的にどのような癒やしがもたらされるかの説明を受けたあと、作品作りがスタートしました。

さまざまな色や形の花、葉の中から、好みのものを選び、心のおもむくままに作品を作る。

「悩み」と「喜び」をテーマにした作品作り

人それぞれの心の中に、どのような思いがあるのか。それは、外側から見ようとしても、そう簡単に見えるものではありません。けれど、押し花で作品を作ると、そこにその人の思いが映し出されます。さらに、その作品をどのような思いで作ったのか、自身の言葉で説明することで、自分の心を客観的に見ることができます。

この日は、１作目に「悩み」をテーマにした作品を作り、自分の中にある悩みを押し花で表現。その後、グループごとに、一人一人が自分の作品を説明しながらシェアし、ほかの人たちから作品に対する意見をフィードバックしてもらいました。グループ内で意見を交換するうちに、参加者のみなさんの表情が、明るく、楽しそうにほぐれていくのが印象的でした。

続いて２作目は「喜び」や「癒やし」をテーマに、それぞれが作品を手がけ、１作目同様、グループの人たちにシェアしました。単に作品を作るだけでなく、それを人にシェアし、意見をフィードバックしてもらうことで、「心が軽くなった」「新たな気づきを得られた」「未来への希望を見出せた」などの声があがっていました。

テーマから得たインスピレーションで花を選び置いていく。作成は無心になれる時間になる。

作品はその人の心。だから、丁寧に扱う

このように、参加者がお互いに心を開くことができたのは、押し花制作の癒やし効果はもちろん、グループシェアでのやり取りによる影響も大きかったようです。最初の説明で、尾下さんから「作品をシェアする際、プラスのイメージを与え合うようなコメントを出し合ってくださいね」というアドバイスがありました。

作品は、その人の心そのもの。だからこそ、プラスの言葉をかけながら、丁寧に扱うこと。自分の作品に対しても、他人の作品に対しても、そのような心がけで向き合うことが大切になるのです。

作品への思いを引き出すポイント

相手の作品に対する質問は、「どのようなイメージで作ったのですか？」「なぜ、この花を使ったのですか？」など、「はい・いいえ」で答えるのではない、オープンクエスチョンで尋ねるというのも、一つのポイントとなっていました。

透明フィルムを貼って仕上げる（68ページ）。作品として残るのでいつでも心をふり返ることができる。

すると、聞かれた本人は「なぜ、このような表現にしたのだろう」と考えはじめ、より深く自分の心の声に耳を傾けられるからです。

相手が作品について説明しているとき、聞き手は自分の価値観や意見にフォーカスするのではなく、その人の気持ちに寄り添うように話を聞く。そうした姿勢も大切であることがわかりました。

なお、1作目の「悩み」、2作目の「喜び・癒やし」と、それぞれのテーマでどのような表現がなされていったのか。92ページからは、尾下さんによる心理分析を取り入れた解説とともに、参加者の作品を紹介しています。ご自身の作品を作ったり、人の作品を分析したりするときの参考になさってみてください。

次ページでは、ご自身でもこのワークを実践できるよう、そのやり方を紹介しています。自宅で一人でもすぐにはじめられるので、ぜひ、お試しください。

作品については「色がきれい」「力強さを感じる」など肯定的な評価をするのがポイント。対等な関係を保ちながら相手の心に寄り添う。

ワークの行い方

ここでは、先述のワークショップにおける作品の作り方を紹介します。「悩み」「喜び・癒やし」という二つのテーマをもとにイメージを広げて、自分の気持ちに素直に、自由に、作品を作ってみましょう。

①テーマ「悩み」についての作品作り

今、自分の中には「どのような悩みがあるのか」、そしてそれは「どんなイメージなのか」などを想像しながら、気になる押し花を選び、自由に台紙の上に配置して、作品を作ります。頭であれこれ考えず、自分の直感や感覚を頼りに作ってみましょう。出来上がったら、台紙の裏に作品タイトルと作成日を記入します。

② ①で作った作品からのメッセージを読み取る

心理分析手法（50ページ）を用いて、作品に使った花の色や配置場所の意味には、どのような解釈の仕方があるのかを見ていきます。そこから、悩みの全体像や、その悩みの裏にある自分の思いなどを探っていきましょう。誰かと一緒に行うときは、作品についての感想をシェアしたり、心理分析の意味を一緒に考えたりしてもよいでしょう。

③テーマ「喜び・癒やし」についての作品作り

今度は、「自分にとっての喜びとはどんなものか」「自分はどんなときに癒やされたと感じるか」などを想像しながら、好きな花を選び、台紙の上に自由に配置します。作り終えたら、①と同様に、台紙の裏に作品タイトルと作成日を記入しましょう。

④ ③で作った作品のメッセージを読み取る

作品に使った花の色や配置場所には、どんな意味があるのか。心理分析手法を用いて見ていくと、今のあなたにとっての喜びや癒やしはどのようなものかが明らかになってきます。誰かと一緒に行うときは、心理分析の意味を一緒に考えたり、作品についての感想をシェアしたりするのもおすすめです。

⑤ 二つの作品からの気づきを統合する

①と②で作った作品から、どのようなメッセージを受け取り、そこからどのような気づきを得たのかを振り返ります。

たとえば、①では「自分の将来が思い描けなくて不安」「とくに仕事面に不安な思いが強いらしい」、②では「家族や大切な人と過ごす時間を幸せに感じる」「人と触れ合うことで元気になれる」というメッセージを受け取ったとします。これらを統合することで、「家族との時間もきちんと取りながら仕事をしたい」「人との触れ合いを大切にする仕事をしたい」という気づきを得るかもしれません。あなたならではの解釈を加え、心の中の思いを明確にしていきましょう。

作品例 1	A.I さん

作品名「迷い」

【作者コメント】

中心にいる赤い花が私で、そのまわりは子どもたちや主人など、家族をイメージしました。でも、自分自身の習い事など、いろいろなことで忙しく、家族のためにやってあげたいことを、全部はやりきれていない。それに対する戸惑いや迷いを表現しました。

●心理学的には……

真ん中というのは、自分自身を表します。１作目の真ん中には、赤い花をご自身として、１つだけ置いています。少し、心もとない感じがしますね。

作品名「幸せいっぱい♡」

【作者コメント】
１作目では、やりたいことがたくさんあって、でもそれらを全部やれていない自分の迷いを表現しましたが、そんな自分でも、実はいろんな人に支えられていて、すごく幸せなのではないかということに気づきました。その気持ちを表したのが２作目です。

●心理学的には……

１作目で自分自身として表した赤い花が５つに増えています。５という数字には、「統合」という意味があります。真ん中には調和の緑、やさしさや思いやりを表すピンクを配置されている。人に対して慈しみの心がとてもある方なのかなと思います。ご自身の方向性を見失いそうになったときは、この絵を見ながら「私には支えてくれる人がたくさんいる」ということを思い出してみてください。

作品例２	A.U さん

作品名「羨望」

【作者コメント】

飲み会のようにみんなが集まる席で、壁の花になってしまったことがあって。まわりに自然と人が集まるような明るい人を、羨望（せんぼう）のまなざしで見ている自分というイメージ。明るいブルーから放射線状に花を置き、明るい人を表しました。

●心理学的には……

端っこから誰かを見ている私――でも、見ているその人は、中心に位置しています。中心というのは、自分自身を表す場所。つまり、すでにＵさんの中にも、そういう要素があるということ。遠目からその人を憧れの目線で見ているけれど、憧れの人の一部は、すでにご自分の中にもあるのです。

作品名「あふれる気持ち」

【作者コメント】

内側から楽しい気持ちが湧き出る感じで、それがどんどん広がっていくイメージで作りました。下が青色ベースになっていますが、その上に赤をのせて、広がっていく様子を表しています。

●心理学的には……

赤やピンクは情熱を表す色でもあります。この作品では「私はこういう楽しい気持ちでいることが好きだ」と、表現されている。壁の花ではなく、みんなで楽しむことができる。そうした要素がすでにご自分の中にあるということ。ぜひそれを大切に、育てていってください。

作品例３	C.U さん

作品名「恵まれている」

【作者コメント】

就職が決まり、今週は楽しい予定もある。悩みらしい悩みがない、今の自分は本当に恵まれていると実感しました。シェアのときに、「まっすぐ伸びている」というコメントをいただき、心に響きました。「これまで一生懸命やってきたからこそ、私という実が実り、花も咲いたんだな」など、色々な気づきがありました。

●心理学的には……

黄色は気づき、緑は調和を意味しており、いろいろなことを深く考えながら、自分の中に吸収している様子を感じました。

作品名「大学４年の秋、21才の私」

【作者コメント】

どこにどれを配置しようなどは考えず、気持ちのおもむくままに、好きなように作った作品です。花も全部使いきりました。就職活動中にも自分を見つめ直し、いろんな自分がいるけど、その全部が自分なのだと思えました。私という色は一つではなく、さまざまな色の花がすべて自分なのだと、改めて思いました。

●心理学的には……

用意したすべての花を使われたということは、「どんな私も私として受け入れることができる」という意味でもあると思います。心のエネルギーが非常に高い状態。すごく安定したエネルギーのある作品だなと、感じました。

作品例 4	C.O さん

作品名 「前進するための不安・怖さ」

【作者コメント】

新しいことをはじめようと思っても「怖い」という気持ちが湧いてきて、だんだんと「やりたくない」気分に陥ります。そして前進したいけれどどうしようという戸惑いも強く出てしまいます。そういう気持ちをここでは表現しました。

●心理学的には……

自分自身を表す中央部に、白と紫の花を並べています。白ははじまりを表し、紫は癒やしを求める気持ちや不安定という意味合いもあるので、まさに今の状況を表していると思います。一方、赤は情熱や行動力、茶色は安定性、緑は安全やバランスを表します。気持ちが不安定なときは、これらの色を服や小物などに取り入れてみるとよいでしょう。

作品名「世界中のみんながハッピー♡」

【作者コメント】

２作目タイトル「世界中のみんながハッピー♡」前進への不安はあるけれど、その先には、みんなが幸せになれる、みんなを力づけられるという世界が待っている。そんな世界が少しずつ見えてきたので、自分にできることから、少しずつやっていこう。そんなふうに思えた気持ちを表しました。

●心理学的には……

ご自身を表す中央部分に白、緑、ピンク、つまり、物事のはじまり、調和、情動という色を使われています。不安定な自分が安定することで、誰かに優しくできるようになる。優しくしたいという気持ちの表れといえるでしょう。人に優しくしたいときは、ぜひこれらの色を身のまわりに取り入れてみてください。

column 6 人生のあらゆる側面を彩る押し花

押し花とともに最後まできれいに生きる

押し花というと、趣味の一つと思われることが多いのですが、この本で紹介しているように、セラピーの一つになることもあれば、人生の最後を美しく彩るアイテムになることもあります。

花作家・若林佳子さんのもとに、最近多く寄せられるリクエストは、葬儀に使用した花を利用したり、故人が好きだった花を使ったりした押し花作りだといいます。結婚式が花嫁・花婿の意向に沿って自由にアレンジできるようになったのと同じように、昨今は故人の好みを反映させた葬儀が増えているのだとか。終活の一環として、お葬式で流す音楽はどれにするか、遺影にどの写真を使うか、どのような花を飾るかなど、生前から決めている方も増えているようです。

葬儀でよく使われる菊やユリ以外にも、トルコキキョウ、カサブランカ、バラなど、生前に好きだった花や思い出深い花を取り入れることで、よりその人らしく、最後の門出を飾れるのかもしれません。

故人をしのんで作られた押し花は、左右にフレームがあるツインフレームの写真たてに入れて飾られることが多いといいます。写真だけでは少し寂しい感じになってしまうところ、片方にその方の写真、もう片方に押し花を入れて飾ることで、部屋に飾りやすくなるという利点があります。

また、住宅事情などによって、仏壇を置く家が減っているという時代背景も、こうした押し花の使い方に拍車をかけているといえるでしょう。仏壇を置くスペースがない、もしくは、部屋のインテリアに仏壇はそぐわないという場合でも、ツインフレームの写真立てを利用した押し花作品を部屋の片隅に置くことで、いつでも故人を思い出すことができます。「こうした押し花の活用方法は『最後まできれいに生きる』ということを、私たちに教えてくれているようにも思うのです」と若林さん。人だけでなく、亡くなったペットの写真とともに、こうした押し花作品を作る方も、年々増えているといいます。

永遠の別れには、大きな悲しみや寂しさが付随します。でも、そこに押し花があることによって、少しずつそうした感情が癒やされ、大切な思い出だけがその作品の中に残っていくでしょう。

最初の押し花体験はこれからの人生の糧に

葬儀の花を使った押し花が人生最後の押し花だとしたら、人生最初の押し花は、小学1年生の子どもたちが、初めて自分で育てたアサガオを押し花にすることかもしれません。

毎年、夏休みになると、それを自由研究の題材にしたり、暑中見舞いのハガキなどに使用したりしたいと、若林さんの押し花教室を訪れる親子が多いといいます。

アサガオはシンプルな形をしていますが、非常に花びらが薄いため、通常の花のように押してしまうと、紙などにくっついてしまい、きれいに仕上がりません。そこで活躍するのが、ベビーパウダーです。花の両面に薄く塗ってから押すだけで、きれいに仕上がります（アイロンで押す場合も同様に)。また、重しをのせる場合は、少し軽めのものを使用してください。

初めて自分で育てた花を押し花にする。こうした体験は、子どもたちの心の中で、植物を慈しむ、自然に意識を向けるタネとなり、その後の人生に彩りを添えてくれるに違いありません。

作品例５	M.S さん

作品名「スペインの夢」

【作者コメント】

自分のこれからを考えるとき、どうしても引っかかってしまうのが、弟が遭った事故のこと。中には亡くなった子もいて、それを考えると自分はどんな未来を描けばいいのか、わからなくなってしまう。自分の中の何かが、ずっとこぼれ落ちている感じを表すような作品になったと思います。

●心理学的には……

深い悲しみやつらさを感じているとき、自分の心が欠けていくような、流れていってしまうような……花びらがその感じを表現していますね。赤には生命力という意味があるのですが、そうした状況の中にも生命力がある。今は死に対して、すごく敏感な時期なのかなと感じます。

作品名「小春びより」

【作者コメント】

こちらはあまり深く考えずに作ったという感覚があります。ただ、1作目に比べると、丸を描こうとしているような感じ。まだ全体はバラバラしていますが、一つになるということも、意識しているように感じます。

●心理学的には……

ピンクは情動を表す色で、その花びらが５枚。５は統合を意味する数字です。きっと、ご自分が癒やされていくときに、ご自身が持つ優しさや思いやりといった部分に気づかれるのではないでしょうか。今はまだ、ダメージを受けている時期だと思いますが、それを回復できる力が自分にはあるということを信じてあげてくださいね。

作品例６	M.T さん

作品名「輝きたい私」

【作者コメント】

つねに成長したい私がいるけれど、思うように成長できない私もいて、「ああ、早く成長したいな」と思っている。ここにある葉っぱは、なんとなく不安な感じを表しています。今よりも、もっとできる私になりたいけど、まだまだ力不足だなと感じているのを表しました。

●心理学的には……

悩みがあるところから、自分を広げようとしているという意味では、１作目はご自身の土台を表しているような作品だと思います。

作品名「大空に　皆と一緒に」

【作者コメント】

ピンクの世界にしようと思いましたが、やはり葉も必要だし、白い花も清純な感じですごくいいなと思って。自分が持っていたピンクの花を使いきってしまい、「もっとピンクがほしい」と言ったら、まわりの方がくださったんです。それがとてもありがたくて、成長するにしても自分一人ではなく、みんなと一緒に成長したい、一緒に大空に広がっていきたいという気持ちが湧いてきました。

●心理学的には……

ピンクは葛藤を表す色でもありますが、葛藤は決して悪いものではありません。これがあるからこそ、人は成長できるのです。葛藤をネガティブに考えず、自分にとって最善の答えを出すための時間と捉えてみてくださいね。

作品例 7	T.T さん

作品名「別れ」

【作者コメント】

親しい人の死を思い出し、紫の小さな花を左下に2つ、右上に1つ、離して置きました。それらは時間の流れとともに遠ざかっていく。真ん中にたくさんある葉は、もう戻らない時の流れを表現しています。この出来事について、自分の中では平気でいたつもりですが、押し花で表現したら、たくさんの思いがこみ上げてきました。

●心理学的には……

葉の緑はバランスの色でもあるので、「自分の心のバランスをとらなくては」と、本当の気持ちにふたをされていたのかもしれません。でも、命に限りのある花に出会ったことで、「自分は悲しかったのか、つらかったのか。それでも、この出来事はとても大事なことだった」と気づかれた様子がうかがえます。

作品名「果てしない旅へ」

【作者コメント】

１作目の出来事のあとの、現在。自分が新たな場所に向かって、飛び立っていく様子を表しました。空を超えて宇宙へ飛び立っていく。赤い花を２つ並べましたが、先ほど思った大切な人が、この花のどちらかに入っているというイメージです。

●心理学的には……

一つの花なのに、たくさんの赤い花びらがあるイメージ。さまざまな愛情、思い、優しさといったものを、これからまた作っていくことができる。先ほど感じた悲しさや寂しさが、これからのエネルギーとなっていく。ご自身のあり方について、上限を決めずに進んでいくことが、今後のステップになっていくのだろうなと感じます。

作品例８	S.N さん

作品名「あれこれ考えすぎ？」

【作者コメント】

下にある白い花が自分で、上からだんだん暗くなって、押しつぶされそうな感じ。あれこれ考えすぎてしまうのですが、その問題となる「あれこれ」が、薄い青や紫の部分。あれこれが降ってくる場所が問題だと思っているけれど、何が原因かはわからない。

●心理学的には……

青は知性や理性、紫は不安定を表しているので、ご自身で「問題」と捉えているもの、そのものが描かれている感じがします。新しい課題と向き合うと、苦しいかもしれない。けれど、それがベースとなって新しい調和を生み出していくのではないでしょうか。

作品名「祝福の輪」

【作者コメント】

理由はわからないけれど、全体的に丸くしたいなと思って。不安が解消されて目標を達成できた、祝福されている自分、というイメージ。転職するのですが、もう仕事が決まっていて、新しいところでの挑戦が、うまくまわっていくような感じ。気持ちが軽くなり、これから先が楽しみになりました。

●心理学的には……

丸という形は統合を表し、自分の中のさまざまな要素をつなげ、調和感を持たせて、安定した状態になっている。苦しみから生まれた調和。そのような未来が待っているような気がします。

column 7 押し花用の草花採集のヒント

周囲の草花に目がいくと世界が広がる

押し花をはじめると、これまで気づかなかった身近な自然の姿に目がいくようになります。花作家・若林佳子さんの押し花教室に通う生徒からは「人の家の庭に咲く花にも自然と目がいくようになった」「都会の中でもコンクリートの隙間から、けなげに生えている草花に気づくようになった」という声が、数多くあがっているといいます。

オオイヌノフグリ、ぺんぺん草、ドクダミ草、タンポポなど、「こんな場所に !?」というような都会の片隅で出会うと、植物の生命力に驚かされるかもしれません。

また、春になると桜の花をたくさん採取して、押し花を作ることができます。桜の花の形のままでも、縦長のハート型のかわいらしい花びらでも、たくさん拾い集めて、押し花にしてみましょう。

桜は花びらがとても薄いので、紙などにくっついてしまい、きれいに仕上がらないことがあります。それを防ぐため、事前にベビーパウダーを花に薄く塗っておくと、きれいに押すことができます（アイロンで押す場合も同様）。

ゆっくり草花を探す時間がない方には、花屋で売っているポット入りのビオラや日々草、マリーゴールドなどがおすすめです。花を切っても、その後からまた咲くので、手軽に長く、押し花作りを楽しめるでしょう。

また「プランターに土だけ入れて、ベランダにしばらく置いておくのも、楽しい実験ですよ」と若林さんはいいます。とくに種を植えていなくても、いつしかクローバーなど、さまざまな種類の雑草が生えてくるのです。鳥が種を落としていくのか、風に運ばれて種が飛んでくるのか、何もしていない土に、自然と緑が生えてくるのを待ってみるのも、植物の生命力を感じるよい機会となるでしょう。

離れて暮らす親子の心の交流にも

また、押し花を通じて、実家の母親との交流が新たに生まれたという話もいくつかあるそうです。実家の母親は庭の花を育てるのが趣味。でも、娘はそこまで、母が育てた花に興味を持つことはありませんでした。ところが、押し花をはじめたとたん、「実家の庭の花に、とても興味が湧いてきました」という方も多いそうです。

実家に帰省するたびに、母が育てた花を愛でて、それらを押し花にして、カードにして母に送る。娘からの押し花作品がうれしくてたまらず、近所の人に母親は自慢しているとか……。

たしかに、家を出た子どもと、このような交流を持つのは、そうそうあることではないかもしれません。ともすると、親は離れて暮らす子どもを心配するあまり「ちゃんと食べているの？」「仕事ばかりで大丈夫？」など、つい上から諭すような口調になりがち。それを言われる子どもは内心、「うるさいな……」「めんどうだな……」と思っていたり。でも、そこに押し花があることで、フラットな関係性をもった、心の交流が生まれるきっかけにもなるのです。

花に興味を持つことで、これまで以上に目に見える世界が広くなり、押し花を介して、誰かと温かな心のつながりを育むことができる。そうした部分も、押し花が持つ大きな魅力といえるでしょう。

作品例９	K.Y さん

作品名「もやもや」

【作者コメント】

自分が学んでいることについて、急に先が見えなくなり、この２、３日モヤモヤしていました。でも、そうした中で、もう一人の私が「ここにいるのに。気づいてよ」と主張している感じ。これまで自分が経験してきたことを大切に、自分を信じて、自分なりの進め方で進めばいいんだなと感じ、気持ちが少し落ち着きました。

●心理学的には……

紫の花が散りばめられていますが、紫には高貴という意味があり、自分に対する誇りを表す場合があります。先の見えない不安の中でも、自分の信じる気持ちをずっと大事にされてきたように感じます。

作品名「希望」

【作者コメント】

２作目は自分自身が花開くイメージで作りました。たくさんの花たちが、「こんなにたくさんの「自分」がいるんだよ。気づいて」と気づかせてくれて、いろんな自分を発見できました。私の中に眠っている、いろんな経験値があれば大丈夫。それらを大切にしながら、まっすぐ将来に向かって進むぞという思いを表現しました。

●心理学的には……

真ん中の黄色は気づき、花びらの白は新しいスタートを意味しています。花を通じて、新たなことを吸収していこうという準備をされているように感じます。情熱の赤、情動のピンク、冷静の青などの色味も入っていて、これから未来に向けて、新しい何かがスタートする予感がしますね。

作品例10	R.W さん

作品名「どうしたいのかわからない」

【作者コメント】

自分とはなんだろう、何のために生まれてきたのだろうと、悩みながら中心に向かっていく感じ。でも、作っているうちに「悩んでいてもいい」という気がしてきて。今やっていることに、まだ確信はないけれど、それでも感じている「こっちかな」という方向に向かって、進んでいきたいと思います。

●心理学的には……

一面にバランスや調和を表す緑を使っているところからも、迷って悩んでいても、まわりとの関係や環境を壊さないようにすごく気を使われているのを感じました。調和ということをご自身のベースとして、大切に考えていらっしゃるのかもしれませんね。

作品名「迷いながらいろいろやりたいことやってます」

【作者コメント】

たくさん花を置き「自己実現」なんてタイトルをカッコよくつけたかったのですが……集中していたら、本当の自分が出てしまったみたい。いろいろやりながら、悩みながらでもいい。そんな思いで、好きな花を真ん中に置きました。絵を描くより、押し花のほうが自分の気持ちを表現しやすかったです。

●心理学的には……

紫の花を３つ置かれていますが、３ははじまりを表す数字です。中心に置いた花びらは白。これは新たなはじまりを意味する色でもあります。今までご自身がやられてきたことを積み重ね、それを軸にして、新たなステージを迎えようとしているのかもしれませんね。

作品についてのまとめ

それぞれの心の世界を押し花で表現した作品、いかがでしたでしょうか。あまり深く考えず、心がおもむくままに、好きな場所に好きな花を置いて作品を作ることで、普段は気づかないような心の声に気づく方が多くいらっしゃいました。押し花という形あるものを、好きなように配置していくので、絵を描いたりするよりも、気軽にできるというメリットもあります。

また、色や花を置いた位置などからわかる、心理学的な分析が加わることで、それぞれの作品に、どのような思いが映し出されているのかということも、ご理解いただけたのではないかと思います。

このように、押し花セラピーでは、自分の心をより深く知ることができます。また、それと同時に、自分が望むイメージを押し花で表現し、その作品を日々目にすることで、その方向に向かって、自分自身を後押しすることもできます。

次の第５章では、理想とする自分になるための押し花作りについてお伝えしていきます。とくに、自分の未来が思い描けない、自分という人間がよくわからない、今の自分は好きではないという方は、ぜひ試してみてください。心の深いところから、ご自身が望んでいる未来像が引き出されてくるかもしれません。

第５章

押し花セラピーで人生を切り開く

作品名
「うれしいことがあった日」

癒やし効果が期待できる押し花セラピー

現代は自分を表現するのが難しい時代

最近、絵や文章など、なにかしらの手段で自分自身を表現したのは、いつでしたか？

「そういえば、最近、そんなことしていないかもしれない」「自分を表現することって、難しい気がする」という方も、少なくないかもしれません。現在はインターネットが普及し、ブログやＳＮＳなど、個人による発信や自己表現の場が広がっているように見えますが、実は自分を表現するのが難しい時代ともいえるからです。

表現しづらいのは評価を意識してしまうから

ブログやＳＮＳで情報を発信していても、人からどう見られるかを気にしていたり、しんらつなコメントが集中する「炎上」を恐れたりして、正直な意見を出せないという人もいるのではないでしょうか。

また、小学校に入るあたりから、私たちにはつねに「うまい」「へた」「できた」「できない」などの評価がつきまとうようになります。こうした評価にさらされるうちに、だんだんと「自分がやりたいようにやってみる」ではなく、「上手にやらなくては」「うまく作らなければ」という気持ちが先行するようになってしまいます。

こうした体験を重ねていくうちに、多くの人の中に「自分を表現するのは苦手」という意識が育ってしまうのです。

創作による自由な世界で自分を癒やす

けれど、創作の世界においては、「この作品はよくて、この作品はダメ」ということはありません。自分の中でよいと思えるものを好きなように表現できる、とても自由な世界です。

押し花セラピーの場合も、ピンセットで花を配置していき、自分で「これがいい！」と思えたものを作品として残すことができます。さらに、セラピーの一環としての作品作りは、誰にも言えないようなネガティブな気持ちを持つ自分さえも、表現することが許されている世界であるといえます。

社会の中で生きていくうえでは、表現できないものでも、押し花作品の中では表現することができる。自分の中にあるどんな気持ちも表現することを許し、受け入れ、新たな気づきにつなげていく。こうした一連の流れによって、創作はその人にとって必要な部分を癒やすセラピーとなっていきます。

作品を作ることは、自分の中にあるネガティブなものの浄化にもつながり、こうした思いの「膿だし」が、自己受容や自己理解につながり、自分を癒やすための第一歩となります。この過程を経ることで、私たちは本当の自分自身を知ることができるのです。

押し花セラピーでメンタルを強化

心が疲れてしまったときには押し花を

人生の中で、私たちはさまざまな困難に出くわすことがあります。学生であれば、いじめ、家族や友達とのつき合い方、将来の不安などを胸に抱えているかもしれません。社会人であれば、仕事やお金のこと、家族との関わり、病気や介護などの悩みなどを背負っているかもしれません。主婦であれば、子育てや年老いていく親の介護などで、心が疲れてしまうこともあるでしょう。

押し花セラピーによって、これらの問題が一気に解決するわけではありません。でも、沈んでいた気持ちを肯定的なものに変え、困難に立ち向かえるようにメンタルを強化し、自分の手で人生を切り開いていく力をつけることができます。

悩みの裏側にある思いを明らかに

いじめを受けていて、気持ちが落ち込んでいたとしましょう。押し花セラピーをしたら、いじめがなくなるかというと、そうではありません。でも、いじめから脱出するために、自分から誰かにサポートを求めたり、一人でもいられる強さを身につけようと努力したり、相手に反撃する勇気を得たり。困難を乗り越えるために、自分からアクションを起こそうというメンタリティが育っていきます。

将来に対する漠然とした不安を抱えていた場合には、押し花セラピーで自分の心を見つめることで「自分はどんなことに不安を感じているのか」「それはどのような気持ちからきているのか」などが明らかになってくるでしょう。そこから、その不安を解消するには「どんな行動をとればよいのか」「自分の気持ちをどのように持っていけばよいのか」ということが見えてきて、ぼんやりとあった不安を自分で取り除いていく勇気が湧いてくるかもしれません。

自分の手で人生を切り開く力が得られる

こうした現象が起こるのは、押し花セラピーを体験することで、視野がより開けてくるからだといえます。自分自身の価値や可能性、本当に求めていることなどを知ることで、「もう一度自分を信じてみよう」「もう少しだけがんばってみよう」というように、萎縮していた心が大きく広がり、前に進むための勇気を得ることができるでしょう。

さまざまな困難を前に、「自分には価値がない」と思い込んでしまったり、「私はもうダメだ」と投げやりになってしまったり、無力感に襲われたときは、ぜひ、次ページから続く「目の前の『壁』を破る！　押し花ワーク」「なりたい自分になる！　押し花セラピーワーク」を試してみてください。

美しい押し花と触れ合いながら、静かに自分の心を見つめ、生きる力を呼び覚まし、あなただけの人生を切り開いていきましょう。

目の前の「壁」を破る！押し花ワーク

人生の中でさまざまな困難に遭遇したとき、私たちはどのようにして、それを乗り越えていけばよいのでしょうか。目の前に立ちはだかる「壁」を破って前に進みたいときには、押し花セラピーがあなたの味方になってくれます。次のワークをしながら、「壁」を乗り越えるために必要なメッセージを受け取ってみてください。

【Q１】
次ページの図を見てください。左上（A）、右上（B）、左下（C）、右下（D）に向かって、それぞれ道が続いています。あなたはその中央に立っていて、困難を乗り越えるため、その中の１つの道を選び、歩みはじめます。どの道を選びますか？

【Q２】
道を選んだら、そこに好きな花を１つ、置きましょう。どのような花を選びますか？

【Q１】【Q２】で、それぞれ道と花を選んだら、次ページを見てみましょう。あなたはどんな方法で、目の前の「壁」を破り、困難を乗り越えようとしているのかがわかります。

好きな押し花を１輪、A、B、C、Dの
道のうちの１つに置いてください。

ワークの判定結果

自分の内面のどこを効果的に使えばよいか

前ページで選んだ道は、目の前の「壁」を破り、困難を乗り越えていくときに、自分の内面のどの部分を使うと効果的かを示しています。

A

左上（A）の道…考え方や思考を表す領域です。ここを選んだ人は、その壁を破るための方法を具体的に考え、それを実行に移すことを必要としています。1年後、半年後、1か月後、1週間後とスパンを決め、目標を達成するには何をしたらよいかを考えてみましょう。

B

右上（B）の道…社会性や未来、表に見せている自分を表す領域です。自分の社会的な立場や未来に向けてのビジョンが、「壁」を破るときの力になります。あなたがこれまで培ってきた学業やキャリアはどのようなものですか。それを役立てて、望む未来につなげるとしたら、どのような方法が考えられるでしょうか。

C

左下（C）の道…本能や原点を表す領域です。あなたの中に湧き上がる強い思いや感覚的な部分を活用することで、目の前の「壁」を破ることができるでしょう。自分の中にある強い思い、消そうとしても消えない感覚とは、どのようなものでしょうか。

D

右下（D）の道…家族や恋人など近しい人との関係を表すプライベートな領域です。目の前の「壁」を破ろうとするとき、あなたの身近にいる人たちの声に耳を傾けてみるとよいでしょう。思いきって自分の気持ちを打ち明けることで、よいヒントを得られるかもしれません。

選んだ道の判定に加え、どんな押し花を選んだかについては、その道を選んだ自分の潜在意識、現在の心の状態を示します。52ページの「花の色、形は何を教えてくれるのか」を参考になさってください。

column 8 押し花とともに過ごす夜のぜいたくな時間

押し花セラピーで癒やしを得るには、必ずしも作品を作らなくてはいけないというわけでもありません。押し花を習いはじめた生徒の中には、「夜、ゆっくりと押し花を楽しむのが、至福の時間」という人が少なくないと、若林佳子さんはいいます。

昼間は家族の世話に追われたり、仕事をしていたり、趣味の習い事があったり――現代女性の多くは、毎日を忙しく過ごしており、なかなか一人でゆっくり過ごす時間を持てません。

でも、家族が寝静まった夜のひととき、押し花と触れ合う時間を持つことで、素の「私」に戻り、自分だけの癒やしの時間を持つことができるのです。

このときは、押し花作品を作るというよりは、素材として集めた押し花を色別に整理したり、一つの花をゆっくり眺め、その美しさや香りを味わったり、花を採集したときのことを思い出したりする人が多いといいます。こうした時間は、幼いころ、人形遊びや塗り絵などに夢中になったのと、少し似た感じがするかもしれません。そんな時間を1日のうちに少し持つだけで、日々の疲れが癒やされ、心がリセットされるというわけです。

夜の時間を押し花とともに過ごすことで心が鎮まり、幸せな気持ちのまま眠りにつけば、質の高い睡眠をとることができるでしょう。色とりどりの押し花と戯れながら、ぜひ、あなただけのぜいたくな夜の時間を楽しんでみてください。

なりたい自分になる！ 押し花セラピーワーク

ワークの方法

ここからは「なりたい自分になる！　押し花セラピーワーク」のやり方を紹介します。次ページからはじまる、なりたい自分になるための作品作りのポイントを参考に、花の色、大きさ、配置場所などを決めて、あなたをサポートしてくれる作品を作ってみましょう

また、作品は手帳に挟んだり、目につく場所に飾ったりして、日ごろから眺めるようにすると、よいでしょう。

さまざまな作品を作ってスクラップブックなどに貼っておき、「今日は積極的になりたいから」「今日は発想力を高めたい」など、その日の気分に合わせて、作品を眺めるという方法もおすすめです。

【手順】

ステップ①　各ワークのポイントに沿って、それに見合う花を選ぶ。

ステップ②　配置の位置などを決めて、作品を作る。

ステップ③　作品の裏にタイトルと日付を書く。

ステップ④　作品の裏に自分へのメッセージを書く。

次ページからのワークは、いずれも上記のようなステップで行います。それぞれのポイントについては、各ワークを参考にしてください。

ワーク1　積極的になりたい

「もっと積極的に仕事に関わりたい」「自分から動いて人間関係を広げたい」「もっとイキイキとした人生を歩みたい」など、自分から働きかけて物事に関わりたいときには、こうした作品で自分の中のエネルギーを高めてはいかがでしょうか。人生に積極的に関わっていくことは、その内容を充実させることにもつながります。

【作品作りのポイント】

①大きな　花びら（目安は 50mm × 30mm 以上）をもつ花を選ぶ。
②その中でも赤などの鮮やかで明るい色の花を選ぶ。
③中央に置く。
④ほかに気になる花があれば、それも加えて自由に配置する。

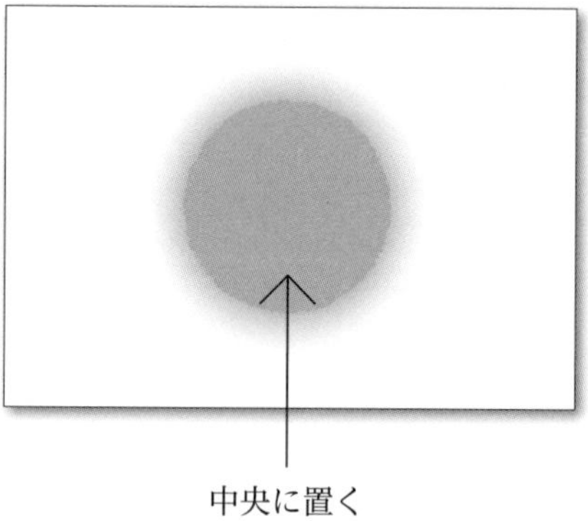

ワーク２　明るい気分になりたい

「気持ちが落ち込んでいる」「なかなかやる気が起きない」。そんな自分から抜け出すには、意識的に気分を明るくするというのも、一つの手といえます。気分を明るく保つことで、視野が広がったり、問題解決のヒントが見えてきたり、その悩みがそこまで重大ではないと気づいたり。そんな発見をうながすような作品を作ってみましょう。

【作品作りのポイント】

①優しい色合いの花をいくつか選ぶ。

②大きさはどんなものでも OK。

③台紙全体に選んだ花を配置する。

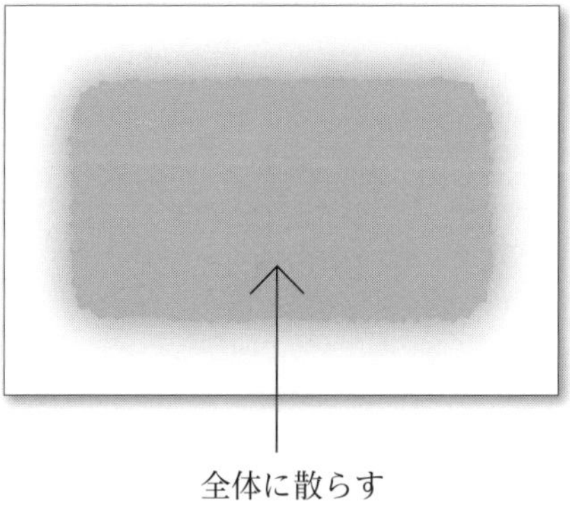

ワーク3　自分に自信を持ちたい

「勉強がうまく進まない」「人間関係でつまずいた」「仕事で失敗してしまった」など、気持ちが落ち込むような体験をすると、自信を失ってしまいがちです。そんなときは、失ってしまった自信を呼び戻すための作品を作ってみましょう。自信を取り戻すことで、私たちは再び、人生を前向きに創造できるようになっていきます。

【作品作りのポイント】

①色、大きさともに、自分が好きな花を一つ選ぶ。

②台紙の中心に置く。

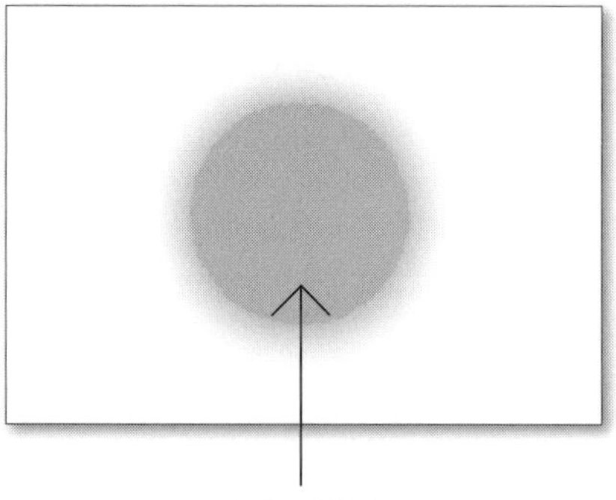

ワーク４　集中力を高めたい

なにか達成したい目標があるとき、一時的に集中力を高めて取り組むことが必要になります。でも、気力が追いつかなかったり、いろいろな問題が気になって意識が散ってしまったり……。そんなときは、集中力を高める作品を使って、その状態を維持しましょう。そうすることで、思いのほか早く目標を達成することができるはずです。

【作品作りのポイント】

①青を中心に、好きな花をいくつか選ぶ。

②台紙の上の好きな場所に置く。

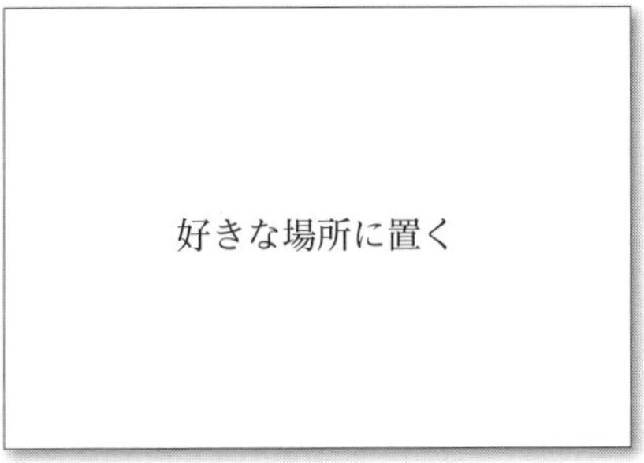

ワーク5　協調性を持ちたい

自分の意見は持ちながらも、周囲と気持ちを合わせていく協調性は、豊かな人間関係を築くときに欠かせないものです。人との距離感がうまくつかめない、グループの中でなんとなく浮いてしまうときには、協調性を高める作品作りがおすすめです。人との距離を上手に保ちながら、よりよい人間関係を築いていきましょう。

【作品作りのポイント】

①緑を基調とした色合いになるよう、好きな押し花を選ぶ。

②台紙の全体に草花が配置されるよう、まんべんなく置く。

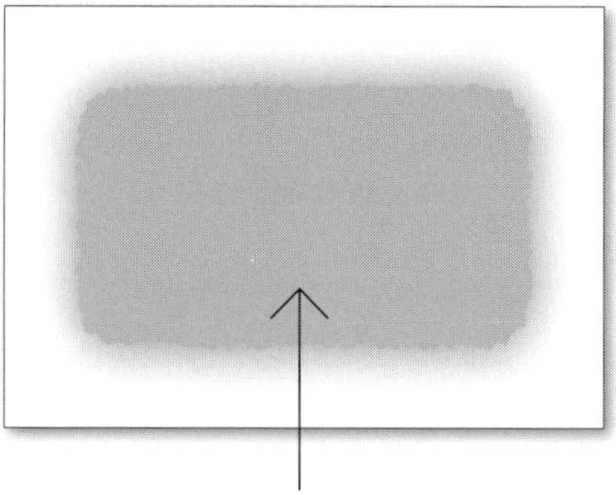

ワーク６　物事に冷静に対処したい

思うように物事が進まないとき、感情が高ぶって冷静に対処できないことは、誰にでもあることです。だからといって、負の感情に流された対応をしては、さらに問題を複雑にしてしまいます。そんなときに、おすすめなのが、自分自身を冷静に保つ作品作りです。感情をニュートラルな状態にすることで、最適な対処方法が見出せます。

【作品作りのポイント】
①青、白の色味で好きな花をいくつか選ぶ。
②台紙の中央に花を配置し、好きなように一つの形を作る。

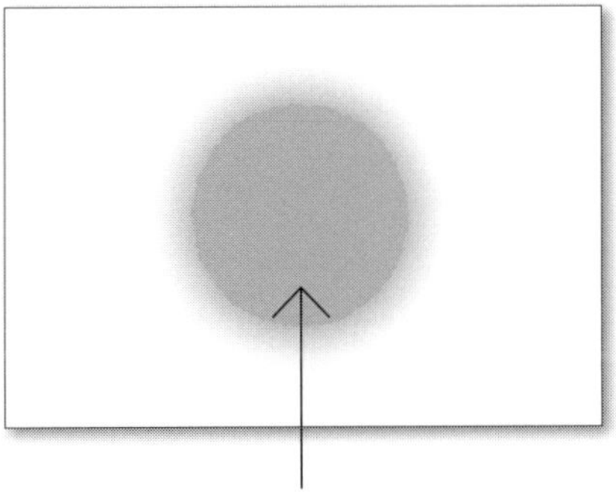

中央に形を作って置く

ワーク7　癒やされたい

忙しい毎日を過ごしていると、気づかないうちに心身ともに疲れが溜まってしまいます。そんなときには、自分自身のメンテナンスのためにも、押し花とともに癒やしのひとときを過ごしましょう。意識的にそうした時間を取ることで、明日への活力を養い、あなたらしく輝く日々を創造していってください。

【作品作りのポイント】

①ピンク、黄緑、水色など淡い色の花をいくつか選ぶ。
②大きさは自分の好みで OK。
③台紙の上に好きなように花を配置する。

好きな場所に置く

ワーク８　発想力を高めたい

さまざまな問題を抱えていると、どうしても視野が狭くなりがちです。そうなると、一つのところに固執してしまい、前に進みづらくなってしまいます。発想力を高める作品を作ることで、「こういうやり方もあるかもしれない」と視野を広げてみましょう。これまでと違う考え方を取り入れることで、新たな視点を得ることができます。

【作品作りのポイント】

①普段なら選ばない色や形の花をいくつか選ぶ。

②台紙の右上部分（※）に好きなように配置する。

※この部分は社会性、未来、表に見せている自分を表す。

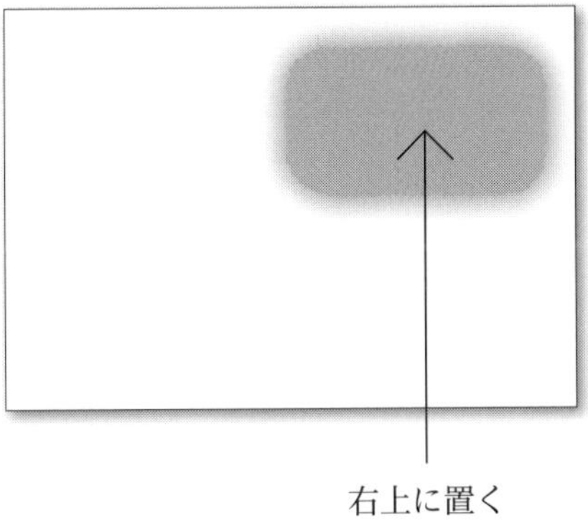

ワーク9　自制心を持ちたい

さまざまな人や物事との関連で、私たちの生活は成り立っています。そこには、必ず自制心が存在し、周囲の状況を見ながら、私たちは自分の立ち位置を変えていきます。そうした自制心を養うには、この作品作りが役立ちます。自分自身の感情を律することは、周囲との関係をよりよくすることにも、つながっていくはずです。

【作品作りのポイント】

①自分の好きな花を四つ以上選ぶ。

②台紙の四隅に、①で選んだ花を好きなように置く。

※台紙の中央は自分自身を表す。四隅には物事の考え方や思考、プライベートな領域など、それぞれに意味がある（詳細は55ページ参照）。台紙の四隅に好きな花を置き、自分（中央）を安定させることで自制がきくようになる。

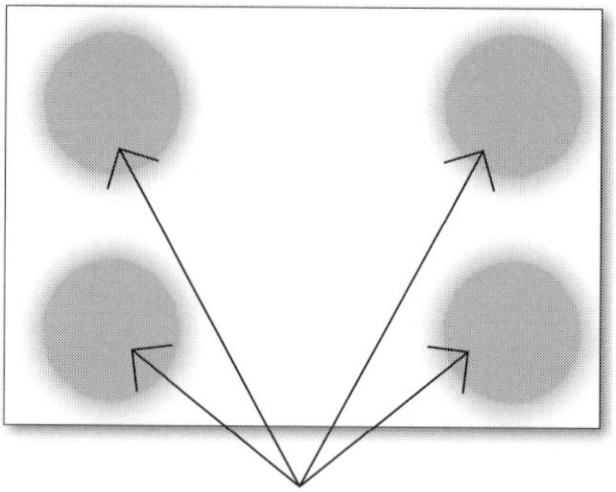

四隅それぞれに置く

ワーク10　優柔不断なところをなくしたい

物事を決めるとき、あれこれ迷ってしまって、決断に時間がかかってしまう。これは思慮深いことの表れですが、ときにはそんな自分をもどかしく感じるかもしれません。そんなときには、インスピレーションゲームで作品を作りましょう。今、自分がほしいものは何か。迷わずそこを見極められるようになると、人生の変化がさらに加速します。

【作品作りのポイント】

①インスピレーションで３分以内に仕上げます。
②たくさんある押し花を目の前に並べる。
③目を閉じて、深呼吸を数回する。
④目を開けて、最初に「これ！」と思った花を選ぶ。
⑤好きな場所に配置する。
⑥作品の表に、自分へのメッセージ（※）を書き出す。
⑦作品の裏に、その作品のよいところを書き出す。

※「優柔不断をなくすには、どんな言葉があればなくせそう？」と自分に質問し、その答えを書く。例)「迷わなくていいよ」「それでいいよ」「迷っても大丈夫！」「私は選べる！」など。

好きな場所に置く

ワーク 11　コミュニケーション力を高めたい

人間関係を豊かに築いていくには、コミュニケーション力が欠かせません。相手の話を引き出し、相手をよりよく知りたいときには、この押し花ワークを活用してみてください。まずは相手の話をよく聞いてあげて、そこから会話の糸口を探っていけば、お互いに心地よいコミュニケーションを図れるようになっていきます。

【作品作りのポイント】

①普段は選ばない花をいくつか選ぶ。

②好きな場所に①で選んだ花を配置する。

③なぜ、その花を普段は選ばないのか、その理由（※）を作品の裏に書く。

※普段選ばない花を選ぶと違和感があるかもしれないが、コミュニケーションにも同じことがいえる。普段選ばない理由が「青い花は冷たい感じがするから」だった場合、冷たい人は苦手という意識の表れとも捉えられる。

自分が苦手意識を持っている人に、積極的に関わっていく大切さを花が教えてくれているのかもしれない。

ワーク12　気配りできる（空気が読める）ようになりたい

相手が何を望んでいるか、さりげなく読み取れるようになると、人間関係は格段にスムーズになります。でも、自分とは違う考えの人たちの中にいたりすると、なかなか場の空気が読めない場合も。そんなときは、気配りできる自分になる押し花作品を作って、周囲の人たちとの人間関係を円滑にしていきましょう。

【作品作りのポイント】

①自分にとってお手本となる人が作品を作るとしたら（※）、どんな花を選ぶか想像して、花を選ぶ。

②その人だったら、どんなふうに配置して作品を作るかをイメージして、作品を仕上げる。

③作品の裏に、その作品のいいところを書き出す。

※気配りができるとは、相手をどこまで配慮できるかということに比例する。「この人だったら、どんな作品を作るだろうか」と想像し、その人になり代わって作品を作ることが、そのための第一歩になる。

その人になったつもりで
置く

column 9 潜在意識で人生を変えるには

許容範囲を超えた記憶は潜在意識下へ

潜在意識には、感情や感覚、直感や記憶など、膨大な情報が蓄積されています。たとえば、記憶。人は受け入れがたい出来事が起こったとき、その事実や想いを記憶とともに潜在意識に送り込み、顕在意識では知覚しないようにすることで、自分を守ろうとすることがあります。

これは、人生経験が少ない時期や、その経験を受け入れる精神的な許容量がなかった場合、その体験を顕在化（知覚化）し続けることで、精神的に大きなダメージを受け、心が修復不可能になることを避けようという防衛反応によるものです。

人生において、さまざまな経験を経ることで、過去と向き合う心の器が育ち、潜在意識とも上手につき合えるようになります。人は「成長する生き物」であるからこそ、環境の変化や転機により、物事を捉える解釈の幅や許容量を増やしていけます。そして、自己理解を深め、自分が求める人生を選択したいというときに、潜在意識が豊かな人生を構築するための最高の情報源となるのです。

では、効果的に潜在意識を活用し、人生を豊かにするには、どのようにしたらよいのでしょうか。

まずは、自分の潜在意識に焦点を当てることからはじめます。人は生まれ育った環境、影響のある出来事や人物によって、価値観が構築されます。そうした経験を重ねる中で、自分にさまざまなラベルをつけていくのです。

「いつもうまくいかない自分」「楽しんではいけない自分」「成功しない自分」「愛されない自分」「幸せになれない自分」……誰もそんなこと、望まないはずでは？と、多くの方が感じるでしょう。けれど、これまで生きてきた中で、私たちは「自分らしく生きてはいけない」という方法を、無意識のうちに選択していることがあります。まるで映画脚本のように書かれた、人生のシナリオとして。それでも私たちは、そのシナリオに何が書かれているかを知ることで、「心から望む人生」のシナリオへと書き換えることができるのです。

潜在意識下に隠れている本当の自分に出会う

潜在意識の一部には、過去の苦い記憶や感情など、さまざまなものが時代背景とともに封印されています。大人になれば、理解したり、冷静に取り扱ったりできる事柄でも、幼少期の小さな自分では、処理しきれないこともたくさんあるのです。

「あなたは小さい弟や妹がいるお姉ちゃんなのだから、しっかりしなきゃだめ！」と言われ続け、がんばり続けてきた人が相談に来られました。その方は、成長して大人になり、小さな弟妹の面倒を見る「姉」の役割を終えても、今度は社会の中で「しっかりしなきゃ！」という感覚だけが根強く残りました。人に甘えることができず、過度に期待に応えようとがんばり過ぎてしまっていたのです。

この方の潜在意識を見つめると「自分も誰かに甘えたかった」「誰かに守ってほしかった」という想いを封印し、「役割」を全うしてきたことが浮かび上がってきました。そして、「もういいんだよ」と、小さな手でがんばっていた「お姉ちゃん」の役割に節目をつけることで、「本来の自分はどう生きたいか」が、自然に見えてくるようになりました。

セラピーやカウンセリングは、「自分自身に関心を持つ」優しい時間となります。今回ご紹介している押し花セラピーも、潜在意識下に隠れている自分の「ホント」を知る、またとない機会になるでしょう。

著者紹介

若林佳子（わかばやし よしこ）

花作家。押し花による本の挿し絵や装丁画の作成、花に関する執筆。アトリエ「Atelirer hana-ya」主宰。花育・花療法に取り組み、活動。押し花は、ドイツにてクリスチャン・シェルッセル氏に師事。日本ヴォーグ社「不思議な花倶楽部」所属押し花インストラクター。NHK「おしゃれ工房」講師。
1998年テレビ東京「テレビチャンピオン」で初代押し花女王に。世界押花コンペティション 銀賞受賞。NHK「みんなのうた」タイトルバック制作。『押花工房』（世界文化社）、『花と言葉の詩画集』（ポプラ社）など著書多数。http://hana-hyakka.com

尾下恵（おした めぐみ）

一般社団法人全国心理業連合会（全心連）公認上級プロフェッショナル心理カウンセラー。
心理カウンセリングやメンタルトレーニングにおいて、企業のメンタル研修、アスリートのメンタルサポートなどで高い評価を受けている、アイディアヒューマンサポートサービスに所属。プロメンタルトレーナー、プロカウンセラー育成に従事する傍ら、10年以上の経験の中で、オリンピックを目指すアスリートたちからの信頼も厚い。また、テレビや雑誌への心理テスト提供や番組での解説、出演多数。
アイディアヒューマンサポートサービス　http://www.idear.co.jp

staff

撮影　漆戸美保
ライティング　「cosmic flow」 岡田光津子
デザイン　石井香里

自然の美しさと香りに癒やされるクラフトで心と向き合う

押し花セラピー

楽しみながら行える新しい投影療法

2018年10月10日　初版第1刷発行

著　者　　若林佳子　尾下恵
発行者　　東口敏郎
発行所　　株式会社 BAB ジャパン
〒151-0073 東京都渋谷区笹塚 1-30-11　4・5F
TEL　03-3469-0135　　FAX　03-3469-0162
URL　http://www.bab.co.jp/
E-mail　shop@bab.co.jp
郵便振替　00140-7-116767
印刷・製本　シナノ印刷株式会社

ISBN978-4-8142-0164-8 C2077

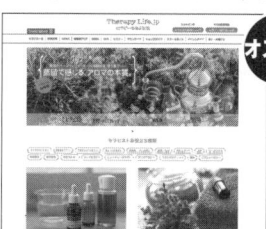